青木　保著

# 多文化世界

岩波新書

840

# 目次

中扉写真提供：共同通信社
（二九頁左を除く）

# 序章　世界は，いま

(上)同時多発テロ事件後，1年経ったマンハッタンの上空から見る世界貿易センタービルの跡．
(下)アフガニスタンの首都，カブールを一望する山上．子どもたちはさまざまな作業で家計を助けているという．

## 同時多発テロ事件が露呈させたもの

何事であれ、いま世界について語るとき、絶対に忘れてはならない、というよりも忘れられない事件があります。言うまでもありません。二〇〇一年九月一一日、世界に大きな衝撃が走りました。アメリカのニューヨークの世界貿易センタービルとワシントンDCの国防総省その他で、いわゆる同時多発テロ事件が起こったのです。グローバルな情報化時代の特徴そのものを示すかのように、テレビの映像を通してこの事件は世界に同時中継され、日本にいてもそのありさまを克明に見ることができました。私も偶然、世界貿易センタービルへの二回目の自爆テロ飛行のありさまを自宅のテレビで目の当たりにしましたが、あのときのショックは忘れられません。

テロ攻撃によって爆破され、崩壊していく巨大ビルの姿には、現代というものの象徴さえ感じられました。というのも、この惨劇を映す画像は晴れ渡ったマンハッタンの美しい光景を背景にしていたからです。このビルには初めてこの都市を訪れたときからの、私自身の思いもあります。と同時に、このようなテロリズムの無差別的な爆破あるいは襲撃による大量殺戮ほど非人間的な行為もないと、心からの憤りと悲しみを覚えました。断じて許されるべきではない、こうしたことが起こるような世界は末世だという思いを抱きました。その後、事件の背景が徐々に明らかになり、さらに事件への対応が進むにつれて、さらにショックであったことは、世界に大きな「亀裂」が生じていることが明らかになったことでした。

イスラム教徒の団結と神の意志を説いて反米を訴えるオサマ・ビンラディンによって犯行が示唆される一方、イスラム「過激主義者」といわれる人たちのアメリカに対する根深い反発、特にそのパレスチナ問題への対応の仕方からこうしたテロリズムが起こると論じられもしました。アフガニスタンで米軍を中心に、イスラム過激主義者の率いるタリバーンやビンラディンの組織であるアルカイダの掃討作戦が行われましたが、私たちはそのありさまもテレビその他のマスメディアの報道で知ることができました。そこで劇的に示されたのが、現代世界の大きな価値の亀裂の露呈であったのです。

ごく単純な比較になりますが、私たちの目の前に示された光景とは、片や現代文明の象徴、科学技術や経済発展の象徴であるニューヨーク・マンハッタンの超高層ビル、片やアフガニスタンの山岳地帯を中心とした洞窟や岩山です。その中にアルカイダの人たちあるいはイスラム過激主義者の人たちが隠れたり、そこから攻撃したりして、最先端の兵器を持つ米軍と対峙したわけです。ミサイルなどの兵器も使用するとは言っても、アフガニスタンの兵士の姿はまことに伝統的、前近代的であり、ほとんどは現代的な軍備・装備を持たず、民族的な衣服で馬に乗ったりしながら戦っていました。いわば経済や技術の発展の恩恵が行き届いていない社会と、現代を象徴するようなマンハッタンの超高層ビル群の世界とのあまりの違いに、私は圧倒されずにいられませんでした。

アフガニスタン、パキスタンなどの中部ユーラシアの世界は、アメリカの社会と比べればあらゆる面であまりにも違いが目立ちすぎ、日本にいてもこの違いに驚かざるをえません。情報化やグローバル化が進んでいると言われている世界で、私たちは一般に、どこに行っても同じような生活ができ、同じように技術の恩恵にあずかれると何となく思っていることが多いわけですが、実際にはこうした事件によって露呈された大きな意味での世界の違い、あるいは文化の違いによる断層のあまりの大きさに、いまさらながら大きな衝撃を受けざるをえないのです。私もアジアのさまざまな地域を歩いてきましたし、都市も農村も山岳部にもジャングルの中にも行きましたが、アフガニスタンでの米軍とタリバーンやアルカイダとの対立は、また次元の異なる現代の光景と落差を浮かび上がらせたのです。直接の対決でなくては実際に現れることのない差異です。

「九・一一」事件については、現在もその全貌がよくわからない面が多いし、いまでも進行中の問題もあり、いますぐ結論的なことを言うわけにはいきません。ただグローバル化という形で世界は画一化していく、あるいは一様になっていくと思われていたところに、実はグローバル化そのものを抑圧として考える、あるいはその抑圧に対する反発を強く感じて自爆テロも辞さず強行してしまうような世界が一方にある。グローバル化を進める、現代の科学技術の枠をこらしたような文明の世界と、それに対して、そうした恩恵の外にあって自分たちの価値を守ろうとする文化の世界が別個に存在し、その二つの違いの対立がこうしたテロ事件となって現れるという感じもしました。

テロを批判し、無差別的な攻撃あるいは殺戮を非難するのは当たり前ですが、同時に現在私たちが住んでいる世界は、ある意味では大変な亀裂を潜めた世界だということなのです。その多くは、アメリカ的な科学技術の粋をこらした文明の世界と、たとえばイスラムの宗教的価値を中心に生活を律している文化の世界の違いです。もちろんアフガニスタンのようなところといっても、またアメリカ的なものといっても、そこにはさまざまな面があるわけで、一律に捉えることはできません。ただそこに露呈されたのは非常に過激な形での両者の違いであり、対立です。

さまざまな人間が異なる地域に住み異なる文化を持ち、それぞれ違った価値の世界に生きていることを、とかく無視してしまうような傾向。何よりも便利さと機能性を追求し、現代の科学技術の力を土台にして世界を同じシステムで政治や経済(市場)、生活、そして文化まで構築してしまうような運動。人間がどこに行っても同じような生活の利便が味わえるような形で生きていかざるをえなくする変化。それはあくまでも西欧的な、さらに言えばアメリカ的な世界観にのっとった形での方向に世界を調整していこうとする動きです。そうした動きに対して、「九・一一」事件はあらためてそれが現実に世界の中でどういう意味を持つのかを、最も極端な形で突きつけたように感じました。

二〇〇一年九月の同時多発テロのあと、私はいまさらの如く、現代の世界では「文化の多様性」が重要であること、そしてその尊重について、強く深く捉える必要があると思いました。

## 旧ソビエト圏のユーラシアで

ここで、今日の世界の状況について少し振り返れば、前世紀の九〇年代初めにはソビエトと東欧世界における社会主義体制の崩壊、いわゆる東西イデオロギー対立の解消という大きな事件がありました。

その後、世界は大きな意味で「文化の多様性」を尊重する方向に動いてきました。すなわち、東か西かといった二者択一的なイデオロギーの世界ではなく、人間の住むさまざまな地域にはそれぞれの文化があり、多くの国家と社会があるということを、イデオロギー対立のベールがはがれた状況の中で認識し、あらためて今日の世界を見つめ直そうとする動きが見られたのです。冷戦の終結こそはその契機だと思われたのでした。

たとえば、われわれが一枚岩だと思っていた社会主義圏の政治体制の中にも、実はさまざまな民族がいたり、地域の対立があったり、あるいは宗教があったりすることが、明らかになりました。社会主義革命以後、二〇世紀の七〇年間ぐらいソビエト圏を覆ったイデオロギー的な政治体制の中では、地域の違い、民族の違い、文化の違い、宗教の存在といったものを抑圧するか、少なくともその重要性を認めない形で、政治的・経済的な支配が行われてきました。しかし、その中にはさまざまな文化があり、多様な宗教を信じる人たちが、実際には存在していたわけです。迫害を受け、弾圧される中でも生き延びていたのです。社会主義イデオロギー体制が崩れた挙句に出てきたのが、旧ソビエト圏における大きな意味での文化の違い、あるいは文化の多様性の存在、また文化の対立であったと思います。

旧ソビエトのアジア地域は、それまで私たちが一般にアジアと考えてきた地域の中には見えてこなかった地域です。中央アジアのシルクロード沿いに存在するウズベキスタンやカザフスタン、タジキスタン、トルクメニスタン、キルギスといった、イスラム系の人たち、トルコ語を中心にした言語を民族語(一部ペルシア語の民族を含む)として持つ人たちの存在は、ソビエト体制の中にあって、外部にはよく見えていませんでした。もちろんそれぞれの地域に実際に行けばわかったのでしょうが、一般の人間は簡単に近づけませんでしたし、またそういう国や民族や文化や宗教の世界があることも、ソビエト体制の中で埋没していて、私たちにはほとんど伝わってこなかったのです。

ところが、九〇年代初めにソビエト体制が崩壊しますと、イスラム系の民族を有する五つの国が独立しました。その結果として、中央アジアにはウズベキスタン、カザフスタンなど前記五カ国があることが明確になり、いまではこうした国々もアジアの範囲として数えないとアジア全体がよくわからないようになっています。たとえば、政治的にも、アフガニスタンでの作戦のときにアメリカがキルギスに基地を設営したことによって、キルギスは一挙に世界政治の舞台に現れました。

こうした国々には、明らかにロシアの文化とも、中国の文化とも違う文化を持っている人たちがいることがわかりました。しかも、歴史的にはアフガニスタンやインド、中国ともいろいろな形で接触を持ってきた地域であり、日本にとってはシルクロードを通って正倉院の御物にいたる文化を伝えてきた地域でもあったわけです。

私は一九九七年にウズベキスタンのタシュケントを訪れました。日本に対する関心が非常に強く、日本語を習いたいという学生もたくさんいました。そうした地域が旧ソビエトだった中央アジアにあり、親日という言い方はあまりにも単純すぎますが、日本に対して非常に関心があることもわかると、この地域はいっぺんに近くなる気がします。タシュケントからさらに中央アジア寄りの、ティムール王の墓所があるサマルカンドにも行くことができました。まさにアジアの中心部、というよりユーラシア大陸の中心部に来た気がしたものです。

言うまでもなく、古い都であるサマルカンドは歴史の教科書にも必ず出てくる東西交渉の要衝で、東西の文物が出会い、東へ西へと伝わる機軸となった場所でもあります。そういうところに行きますと、中央アジアが一つの世界の中心であったことがよくわかります。

そうした世界は、それまでのイデオロギー対立の世界においては、私たちにも身近な存在としてはほとんど伝わってこなかったのですが、いまや独立して、ウズベキスタンの文化を認めよう、それを発展させようという活力を持ち、新しいアジアの一員としても存在していることが認識できます。

## 「神」が政治の言語となって

一九九〇年代初めに起こった社会主義体制の崩壊や、二〇〇一年の同時多発テロ事件後のアフガニスタンの問題が期せずして明らかにするのは、〃外部〃の人間にとっては、そこに新しい世界が拓け、新しいさまざまな文化が存在することです。グローバル化の変化の中で、画一化の動きが強くなっていく現代においては、世界のどこを訪ねても、多くのことが既にどこかで見たり知っていたりするような気がすることがあるのですが、世界にはまだまだ外部の人間には全くわからないような、ものの見方や事物、あるいは文化、また価値観があることが明らかになってきました。

二〇〇一年七月に、私は同じ岩波新書の一冊として『異文化理解』を出して、現代世界の課題として、文化の問題を説きましたが、あれから現在(二〇〇三年六月)までの世界の変化は劇的であり、この間にはさまざまなことを考えさせられました。前著刊行から二カ月ほどで同時多発テロ事件が起こり、そのあとアフガニスタン問題が起こって、世界は騒然としました。しかも二年も経たない間に、米英軍によるイラク攻撃という問題が起こっています。

そこで感じたことの一つが、先に述べましたように、世界における価値の亀裂でしたが、それが情報化社会ならではの時々刻々の映像を通して、私たちにも伝えられたのでした。

もう一つ、今回のイラク攻撃の前段階でも見られたことですが、「九・一一」後の世界で明らかになってきたことがあります。同時多発テロ事件という悲惨な目に遭って、その復興とテロ撲滅を宣言するアメリカでは、大統領が God bless America. や God bless you. というように「神《ゴッド》」という言葉を実によく使います。現代国家の最高指導者が神という言葉を口にするのは、歴代のアメリカ大統領からもヨーロッパや日本の首脳からもほとんど聞いたことがありません。日本の首脳はかつて「日本は神の国である」と言ったことがありますが、それにしても毎回の演説が必ず「神の祝福あれ」という言葉で締めくくられるブッシュ大統領の姿を見ていますと、そこにはブッシュ大統領が信じる一つの神の世界があり、またそれを熱烈に支持し、その言葉に共鳴する人たちがいることがわかります。

アメリカ社会は大変な多民族社会、多宗教社会、多言語社会であり、多文化主義（マルチカルチュラリズム）という言葉も盛んに使われ、それを実践しようとする動きも強いわけです。ただ今回のような事件が起こりますと、そういう声よりもむしろ「神の祝福するアメリカ」という宗教的な表現が政治言語として使われるようになります。それが現在のアメリカの政治言語の大きな特徴になっており、全世界に対して自らの「神の国」を守らなくてはならないという強烈なメッセージが発せられている感じを受けます。

それは先進国、G8のメンバーでもある現代国家としては珍しい現象と言わなくてはいけないと思います。神という言葉が政治言説化することの持つ大きな効果もあるわけで、アメリカが一体となるために「神の国」アメリカという言説が使われているのです。多文化社会アメリカでは「神」はどの宗教の「神」なのか、という問いも当然発せられるべきものにちがいなく、前著でアメリカ大統領の就任式における「聖書への誓い」について指摘したことがありますが、本来、困難な問題を国家と社会に突きつけるはずの言動です。ブッシュ大統領は、自らの「神」をアメリカという国と社会に「重ね合わせる」ことに疑いを持たないようです。

他方、イラクからアメリカや世界に発せられるのは、イスラムの神の国、神が国民を守って最終的な勝利に導くというサダム・フセイン大統領や閣僚たちの言葉です。フセイン大統領や閣僚たちがテレビに出ていたころは、毎回「神のご加護を」とか、「神が守ってくれるから、われわれは勝利する」という、「神」の力を信じるといった言葉が再三スピーチの中に出てきました。

この二年足らずの間に、科学技術の発達の先端にあるような「現代文明社会」のアメリカと、その対極と言っては言いすぎかもしれませんが、その意味ではかなり程度の違うイラクにおいて、政治指導者がともに神という言葉を使い、神の名において自分たちの攻撃や自分たちの反発を正当化する、あるいは神の名において最終的な勝利を宣言する政治言語が見られました。こうした経験はかつてないことであり、それが逆に新世紀初めの現実を表しているような感じがします。

そのほかの世界でもそれぞれ神や神々がいると思いますが、先に記したように最高政治指導者が神という言葉を使って国民や世界にメッセージを発するということはほとんどありません。それは、近代国家とは世俗国家であり、宗教と政治、あるいは宗教と社会は分離すべきである、宗教を政治の世界あるいは社会の常識の中に持ち込まない――、こういった暗黙の前提があるからです。インドであれ中国であれ、日本であれ韓国であれ、もちろんヨーロッパ諸国であれ、それを守ってきたわけです。それに対して、この二年間のアメリカと、アフガニスタンでのオサマ・ビンラディンやタリバーンの指導者との、あるいはイラクの指導者たちとの、政治的、軍事的な応酬の中では、政治的主張が多く「神の言葉」で語られるという現象が起きています。

これをどう評価するか、あるいはどう捉えたらいいかというのは、私たちにとっても非常に困難な問題です。ただ、同時に、はっきりと見てとれることもあると私は考えています。それは、九〇年代初めの東西イデオロギー対立の解消後、世界にはさまざまな地域、民族、文化があり、それぞれの価値を持って生活している、あるいは生きていることを認めよう——、つまり世界の多様性をあらためて認識し、二一世紀の新しい世界を構築しようという構えが出てきたことです。「多文化主義」の主張や実践、「多民族・多文化共存」のための施策が出てきたほか、マスコミが創ったといわれるスローガンですが、ボスニアやコソボの紛争のときに使われた「民族浄化」という言葉への強い反発がありました。そうした動きは新世紀の世界の動きの「中核」となるものとさえ期待されました。

そうした世界の態度や潮流に対して、「神」の政治言語化は全く逆の立場でのメッセージの発信と言えるかと思います。

私は「九・一一」事件のあとに書いた小さな新聞記事においても、世界の多様性を減少させるような動きは避けるべきだと主張しました。それはいまも全く変わりませんが、現在の世界を見ますと、世界は多様であり、いろいろな価値を持つ人たちがそれぞれ支え合って一つのグローバルな社会を構築していこうという動きはたしかに続いている一方、それとは逆に、お互いに「神」の名の下に、自分たちの信ずる世界だけを世界に広めよう、あるいはそれで世界の動きを解釈してしまおうというような、世界の「単純化」、ある点では多様性の抹消化の動きが起こっています。これに対して私は非常に強い危機を感じます。

**本来の「文明」とは**

「九・一一」後の世界を捉える場合、日本でもアメリカでも、テロ攻撃を受けた文明国アメリカとテロをするような野蛮な国、文明と野蛮という対立で捉えようとする主張がありま す。そういう主張もたくさん発表されました。

しかし、この二年足らずの経過を見ておりますと、どこに本当の文明があるのかという感じもしてきます。たしかにマンハッタンの超高層ビルは科学技術の発達による現代文明の一つの姿です。けれどもそれはまた、人間を画一化し、他の価値が入り込むのを許さない傾向を強く示すものではないかと思います。寛容や慈しみ、他者の理解、異文化の価値の尊重といった、本来「文明」が備えていると思われる人間性の尊重、人間の徳の尊重とは違った方向での発達、あるいは違った性格がそこに明らかに表れています。

同時に、テロを決行した人たちの行動は、それぞれの主張の内容は違うかもしれませんが、自分たちの主張や信仰のゆえに平気で無差別大殺戮を行ってしまうような全く反文明的な行為であり、あるいは野蛮な行為にちがいありません。

一方にあるのが、アメリカのマンハッタンに代表されるような現代科学技術の達成という形の文明で、もう一方にあるのは、自分たちの信仰を極度に神聖化し、それを広めることを目的として、自分たちのテロ行為を正当化するような動きです。これもまた文明の一つの表現と言えるかと思うのです。イスラムは歴史的に見ても一つの文明にちがいなく、その世界的な広がりから見ても、現代における有力な宗教中心の文明でしょう。それであるからこそ「神の力」も普遍的なメッセージとなるわけです。オサマ・ビンラディンやサダム・フセインの「神」への言及の背後には、イスラム文明の伝統が存在します。ブッシュ大統領の「神」の背後にはキリスト教が存在するのと同じです。私はどちらの政治言語にも、ある種未熟な人間理解と世界理解を感じざるをえません。「九・一一」という大事件がそれを極端な形で露わにさせたと言えるのではないでしょうか。

「九・一一」後の世界を特徴づけるとすれば、私たちはいまだ「野蛮な世界」に生きているということではないかと思います。私は科学技術の発展を土台にした「現代文明」とか、イスラム教を中心とした「文明」とか、これまで言ってきましたが、本来の「文明」とはこういう類のものではないのではないかとも考えています。私は「現代文明は形成途上にある」という論文を昨年(二〇〇二年)に発表もしました。「現代文明」は、もっと人類全体への人間的な視野と寛容な態度を持ち、文化の多様性や社会の多様なあり方を認めて、人類が互いによりよく理解しあう世界のことでなくてはならないはずです。としてみれば、私たちはこの世界をよりよくする、より人間的に構築する意志や態度を、いろいろな面ではっきりと示していく必要があるだろうと思います。

**西欧化、近代化、グローバル化**

考えてみれば、二〇世紀は世界を一つのシステムにしようとする動きが非常に強かったわけです。それが人類の歴史において初めてと言っていいくらいに、大きな動きとして広がった時代です。もちろんグローバル化の動きは、古代にもありました。ローマ帝国のすべてをローマ的世界にする動き、中国の大文明をつくる動き、インドのヒンドゥー文明をつくる動きも見られました。また、古代ギリシア人の考え方には、人間の世界を普遍的なシステムとして捉えようとする動きがありました。いずれも世界を同じ一つのシステムにしようとする動きであり、しかも「多様な文化・地域・人間」を包括する動きでもあり、それを「文明化」と呼んだわけです。

この本では詳しく述べるわけにはいきませんが、二〇世紀ほどそうした動きが強かった時代はこれまでありません。一六世紀以来、ヨーロッパの人たちは盛んに世界を発見しようとしました。いわゆる大航海時代、ヨーロッパから見たアジアや新大陸、アフリカの「発見」という大発見時代がありました。われわれ非西欧世界から見れば、発見されなくてもその前から存在していたのではありますが、いずれにしても「発見されて」しまったわけです。

ただ、その後の歴史の展開を見ますと、ヨーロッパ人にとっての大航海や大発見のあと、ヨーロッパ的な価値を非西欧世界に広め、西欧化を促そうという動きが盛んになりました。それが植民地化となり、特に一九世紀以降は近代化という名の下で、ヨーロッパで発達した近代的な政治システム、経済システム、あるいは科学技術を世界に広げようという運動がずっと続いてきました。

そこにはいろいろな歴史の曲折がありますが、ほとんどの非西欧世界は、ヨーロッパの直接の植民地になるかどうかは別としても、西欧化の影響を非常に強く受けました。日本に端的に見られるように、多かれ少なかれ自分たちの国の発展のモデルとして「西欧化」を捉え、そのモデルを目指して自分たちの世界を構築する、あるいは社会を展開するという形で国や社会を創り出そうとしました。

アジアの国や社会は、西欧化から近代化へと大きな変化を遂げてきましたが、これはヨーロッパ(そしてアメリカ)に合わせた近代のシステムに適応し、強い言葉で言えば、世界を一つのシステムにつくりあげて支配するという流れに即して展開してきたとさえ言えるでしょう。現在もなおその流れは続いています。

一九九〇年代から一般的によく言われるようになったグローバル化の動きは、非西欧社会にとっては、こうした変化の延長上に捉えられるべきでしょう。アジアにおいてもそうです。ですから、グローバル化の動きは特に目新しいものではなく、西欧化、近代化と進んできた、世界を一つのシステムにするような動きです。その中心にはヨーロッパやアメリカがあり、そこで発達した政治・経済・技術・文化のシステムがあるわけですが、そういう動きの一番新しい段階が現在のグローバル化と言われているものだと思います。

ある意味でグローバル化は、欧・米的な価値や尺度で世界を見つめよう、経済であろうが、政治・技術・文化、何であろうが、欧・米的な基準で統一しようとする動きです。それを欧・米の強力な国や産業が世界に押しつけるという側面もありますが、同時に世界の他の国々や社会は、それを受容することによって逆に積極的にそのシステムを利用し、自分たちの発展を図っているわけです。そこに現代というものの性格が見られます。

西欧化というのは、その言葉そのものが示すように、西欧的なものを中心に発達するということです。しかし、近代化というのはより客観的な言葉であって、近代のさまざまな科学技術、政治思想、経済システムを取り入れ、あるいは組織や制度をつくって、自分たちの社会を発達させようということです。これは別に押しつけられて行うだけではなく、それぞれの国や社会が自らの発展のために積極的に取り組む課題でもあります。第二次世界大戦後に独立したアジア、アフリカ、ラテン・アメリカの国々や社会もすべてこうしたシステムを取り入れて、近代国家あるいは近代的な社会をつくりあげようとしてきたことは事実です。

二〇世紀には、いま述べたような一つの近代的な世界をつくろうとする大きな動きがありました。しかし、ご承知のようにそれはヨーロッパの中においても簡単ではなく、さまざまな価値の対立、あるいはシステムの対立を生みました。第一次世界大戦、第二次世界大戦という二つの野蛮な行為、人間の極限的な残虐性や矛盾を示すような世界大戦も、そのような対立が原因の中にあります。

そうした悲惨な経験を経て、第二次世界大戦後の世界には、局地的な戦争はあっても世界戦争はなく、世界の主要国はどこかで価値を統一しよう、あるいはシステムを一緒にしようと考え、政治的には国連のような組織をつくって調整したり、経済的には共通の金融システムや世界市場をさまざまなかたちで構築しようとしてきたわけです。

実際にアジアの国々もそれに合わせて発展しようと努力してきたことは事実です。日本の場合もそうでした。その際、欧・米流のシステムの受容という点、あるいはそれを積極的に使っていくという点において、国や社会によってどうしても程度の差が生まれてきます。発展途上国という言葉もそのことを表していますし、先進国という言葉もあるわけで、それぞれの国は違った形の展開を示しています。

## 「国際化」から「グローバル化」へ

そのように進んできた場合に問題となるのは、近代的なシステムを受容して、その積極的な展開をはかるという方向はいいとしても、そこにはさまざまに違った価値の追求があることです。この面を忘れると、大きな困難が生まれてきます。その最大のものがアメリカや西ヨーロッパに代表される自由主義的な価値と、ソビエト圏、中国あるいは東欧が追求した社会主義的な価値です。

そこには、よく言われるように、自由か平等かという対立もありました。本来、自由と平等はどこかで重なって実現されないと人間の生活にとっては意味がないのですが、現実には東西イデオロギー対立という形で表現され、実行された自由主義的な資本主義と平等主義的な社会主義とでは、価値や表現、あるいはそれがもたらす人間の生活と文化は、非常に違ったものになりました。

社会主義的な平等主義の行き詰まりが露呈したのが、八〇年代の終わりから九〇年代の初めで、そこに第二次世界大戦と同じくらいの衝撃力を持つ世界の画期が訪れました。そのあとに出現したのは、前にも述べたように、世界には自由主義か社会主義かといった対立だけでは決して捉えることのできない多様な文化や価値、あるいは異なった民族や地域が存在し、また近代世界ではある意味で否定され、社会主義社会では抑圧された宗教が、人間の価値として生々しく存在するという現実であったわけです。

それとともに、一九九〇年代の東西イデオロギー対立の解消後、大きく展開されてきたのは、情報機器の発達を中核としたグローバル化の動きです。世界が二つの対立するイデオロギーのブロックに分かれていた時代には、簡単にグローバル化という言葉は使えませんから、国際化という言葉がよく使われたと言うこともできるかと思います。いまでも国際化という言葉は使われますが、グローバル化のほうが一般的になっています。

日本でも一九八〇年代にはさかんに国際化が必要であると言われました。その場合の国際化の内容は、ある意味ではアメリカや西ヨーロッパの近代世界が発達させてきた物事の基準に適合させることでした。国際化への適合の必要というのは、日本の文化と社会がつくりあげてきた欧・米型とは違ったシステムを、アメリカや西ヨーロッパの持ついろいろなシステムに適合させなくてはいけない、という意味で言われました。

いろいろなレベルで国際化という言葉が使われるにしても、その基準は、たとえば日本にとっては、自由主義世界の欧・米がつくりだし、しかも日本が参加することによって利益を受けると思われるような経済・金融市場化であり、人権や民主化といった言葉で表される政治システムであり、科学技術の発達をいかに利用するかという点での国際的な基準といったことでした。日本も一部はその発達に貢献しつつ、日本的なシステムをそれに合わせていこう、あるいは合わせなくてはいけないという動きであったのです。

つまり、日本が国際化と言った場合には、旧ソビエト圏や中国は視野に入っていなかったわけで、適合させなくてはいけないモデルやシステムとしてそれらの国々や地域や社会を捉えることは、全くなされませんでした。ですから、社会主義圏には社会主義圏の中での国際化があるというように了解されていたことになります。ロシア・システムや中国システムということなのでしょう。私はタシュケントで、ロシア・システムの作用を目の当たりにしました。これからはむしろアメリカ・システムに変わるという人もいますが、言葉も含めて、そこに働くシステムはロシア・システムでした。

しかし、東西のイデオロギー対立がなくなった一九九〇年代には、国際化という場合にも、ソビエト圏であれ東欧圏であれ等しく守らなくてはいけない、あるいは達成しなくてはいけない世界のモデルがある、と認識されてきました。そこで出てきた言葉がグローバル化、全地球を覆う形での展開と捉えられる言葉です。グローバル化という言葉には論者によってさまざまに異なる意味が付与されていますが、この言葉が広く使われるようになったのには、そうした背景があると思います。ですから、グローバル化も近代化という大きな流れの中から出てきたものにはちがいありません。

ただ、国際化、さらにはグローバル化が求められる世界はこの十数年のことです。特に新世紀に入ってますますグローバル化という言葉が使われ、またグローバル化に即した対応を各国、各社会が迫られるという点では、近代化と言われたときよりも強い大きな意味を持つようになっています。しかし同時に、一九九〇年代に始まる世界の変化の認識は、人間と社会の現実は文化的に多様であり、社会も民族も言語も非常に多様であるということです。それがグローバル化の中で初めて強く認識されたということもまた事実なのです。

## 文化の多様性と二一世紀

すなわち、世界を同じシステムにしようとするグローバル化の流れの中で明らかになってきたことは、「文化の多様性」の認識であるかと思います。人間の世界は、表面的には科学技術の発達を共有することによる共通化あるいは一様化という現象が加速されてきたように見えますが、同時に「文化の多様性」もまた根強く存在するということが言えるでしょう。グローバル化が進めば進むほど、文化の違い、価値の違い、生き方の違い、それぞれが目標とするものの違いも明らかになってきました。

グローバル化は、欧・米的なシステム、特にアメリカ的なシステムで世界を統合しようとする動きとしても強く表れています。それはハリウッド的なポピュラー・カルチャー、ファッションやファストフードなどの料理、さらには知識・学問、そして軍備や政治思想といったものにまで至ります。それに対する反発もあって、グローバル化といえばアメリカ化だと言う人も多いわけです。グローバル化が多様性と共存する方向に向かわずに、どちらかというと一様化、画一化に向かうことへの危機感が世界各地に非常に強くあり、日本の中でもそれを指摘する人もいます。

私が前著『異文化理解』を出したあと、続けていま新しく『多文化世界』という本を世に問いたいと思った背景には、こうした世界の加速する動きがあります。この二年間で世界が示した「亀裂」を深く受け止め、これが二一世紀の人間の生き方あるいは生きる方向に対してどういう影響を持つのか、あるいは私たちは、どういう名目であれ人間を殺戮し文化を抑圧するような「野蛮な世界」から、どうやって抜け出せるかということが、非常に大きな問題として自分の中に出てきました。『異文化理解』で展開した世界の次の段階の問題として、『多文化世界』というものを考えるに至ったのです。

そして、この本では、「文化の多様性」を守るということは、個人を守ることにつながり、それはまたさまざまな形での、経済的な、政治的な、そして文化的な全体化・画一化の中で個人が埋没してしまうことに対して、危惧の念を深く抱き、そうした傾向をどこかで止めなくてはならないという気持ちを、なるべくわかりやすい形で示したいと望むことを表明しました。それはまた個人と個々の文化が、各々の魅力を積極的に外へ向けて開かれた形で表現しあう世界、「多文化世界」の構築へ向けての一歩を記すことでもあります。そのための、あくまでも私の限られた理解の範囲の中での、ささやかな問題提起です。本当に「文化の多様性」の擁護に敵対するものは、グローバル化による一元化・画一化であり、それによって生じる、人間と社会の個性の喪失、創造性の抑圧、個人の埋没を防がなくてはなりません。政治的・経済的・宗教的な全体主義が世界を覆い、私たちの生きる社会を乾燥した無機質なものにしてしまうことがあってはならないと考えるのです。

# 第1章　文化という課題

(右)2000年7月，沖縄サミットに集まったG8各国首脳．このサミットでは「文化の多様性の擁護」もうたわれたが，その後の世界はどう対応しているだろうか．
(左)バーリン著「理想の追求」収録の『バーリン選集』第4巻表紙(岩波書店刊)

## 1　文化とは対立するものなのか

### 緒についた「多様性の擁護」

私自身、幾度も述べてきたことなのですが、二〇〇〇年二月に国連とユネスコで「文化の多様性を擁護する」という宣言が出されましたが、いまユネスコで最も重要な課題の一つとして取り組んでいるテーマが「文化の多様性」の擁護という問題です。そして同年七月に日本の沖縄で行われた先進国経済サミットの宣言文にも、同じ「文化の多様性の擁護」という言葉が入りました。もっとも、先進国経済サミット会議が文化の問題を初めて取り上げた画期的なアジェンダ(協議項目)であったにもかかわらず、国内では主要メディアがこの部分を外してアジェンダを掲載するような「野蛮な」事実もあり、全体として経済停滞をどうするかといったこと以外に重要な課題はないと言わんばかりで、せっかくの問題が大きく取り上げられることがなかったのは大変残念でした。

先進国サミットの宣言文の中に「文化」が入り、そして「多様性を守る」ということがうたわれた点は、最も高く評価すべきことであったといまでも私は考えています。経済や環境問題についてはすでにいろいろと触れられてきておりますが、「沖縄サミット」の開催国日本が二一世紀に誇るべきことは「文化」の問題を取り入れたことです。このことを忘れるわけにはいきません。日本が発する世界へのメッセージとして、もっと深く認識されてしかるべき問題であり、それは、「文化の多様性」がいまの時代の中心テーマの一つになってきているからなのです。

地球温暖化などに見られる環境の悪化・破壊と、それに伴う動物や植物の種の滅亡の危機が指摘されますが、それと同時に、人類の言語や文化の多くも滅亡の危機に瀕しています。人類の言語のうち、一年に二〇パーセントが消えていくという報告もあるのです。日本でもアジア・太平洋地域で消えゆく言語を救おうという研究が進んでいます。ネトルとロメインが指摘するように(『消えゆく言語たち』)、北米の先住民の人たちの約七〇あるエスニック・グループ中で五六グループは、彼らの固有の言語を喋る人が全て五〇歳以上になってしまっていて、若い人たちは彼らに固有の言語を知らないといいます。その世代がいなくなれば、その言語は失われてしまいます。さらに、一〇人から一五人くらいしか話せる人がない言語もあるとされます。こうした事情はオーストラリアをはじめ多くの地域の先住民の場合でも見られます。

そして、ほとんどの場合、言語がなくなれば文化もなくなります。

加えて、グローバル化の急速な進展の結果、おのおのの言語は大きく変わっていきます。日本でもこの一〇〇年以上の間に、伝統的な言葉が随分と新しい言葉に入れ替わりました。同じ言葉でも意味が変わったものもあります。さらには、文化の変化の面でも、もちろん大きいものがあります。たとえば、日本の伝統的な服装である着物ですが、日本国内でも地域によっては多少異なりますが、日常生活で着物(和服)を着用する男性は稀であり、女性も急速に少なくなっています。かつての大学の卒業式には振袖姿はつきものでしたが、いまではその光景も少なくなっています。日本の伝統的な文化が急速に変容して、それらを記憶にとどめていない世代も出てきています。ある席で京都の大学の先生がこんな発言をしたことがありました。伝統文化である着物を絶やさないようにするには、着物を着て外出し、買い物したら割引をするといったことを奨励したらどうか、というものでした。

このようなことを考えなければ固有の文化を維持できないといった状況があるわけですが、それも、一六世紀以降の西欧化、近代化、そして現在のグローバル化といった大きな変化の波に、世界各地の伝統文化が飲みこまれてしまっているということでしょう。大きな変化の発信源はおおむね欧・米で、文化もいまやその影響の下に大きく画一化されそうな状況になっているのです。

こういう状況の中で、「文化の多様性」を認識して、それを守ろうという動きが出てきたのは貴重なことです。しかし、それに真面目に対応する議論が必要であるのに、国内でも国外でも関心がとても低いのは残念です。繰り返しますが、二〇〇〇年を「文化の多様性の擁護」の年とする「国連・ユネスコ」宣言や、「沖縄サミット」宣言に対して、正面から対応し、論じようとする動きは実に少ないのが現状です。

日本においても、近代化の過程で「日本語をやめてフランス語にしてしまおう」といった主張があり、現在では「英語を第二公用語へ」という主張や「英語中心でやっていこう」という主張も一部で強くあるということを、私たちは認識しておかなければなりません。情報化やIT革命の波の中で、文化の多様性の擁護が忘れられるような傾向も容易に出てきます。私は、英語は重要だし、それを多くの日本人が習得する必要は認めますが、英語中心主義的な主張には反対です。世界には多くの重要な言語があるし、東アジアでは中国語や韓国語の重要性ももっと認識すべきです。外国語に対する鋭い感受性を育てることがまず必要でしょう。

それにしても、世界の文化が急速に変化していることは事実ですが、「文化のファストフード化」とでも呼べる現象が露わに見られるようになっています。実際にはすでに英語が世界に通用する国際語としてほぼ認められ、インターネットの言語としても定着しています。他の言語はこの現実にどう対処できるのか、というのは深刻な課題でもあります。それだけに、文化の多様性の擁護が、現代的な課題として重要になっています。

## 本当に尊重できるのか

一方で、文化の多様性の擁護などは本当に意味があるのか、という疑問もあります。世界の文化には「強い文化」と「弱い文化」があって、「強い文化」が「弱い文化」を駆逐し、場合によっては吸収するといった現象が見られたことは事実にちがいありません。日本文化といっても、近代国家・社会を作っていく過程で多くのものが失われていきました。先に触れた着物、和服にしても、いまや滅亡の危機にあると言っても過言ではありません。しかし、これも日本人自らが選択した結果でした。この事実もしっかり受け止めるべきでしょう。だが、問題はもっと深いところにあります。後で述べる問題ですが、民族にしても、「歴史ある民族」と「歴史なき民族」というカテゴリーがありました。これは、エンゲルスやスターリンといったマルクス主義者が主張し、ソビエトでは実際に政策に用いたことで知られています。

また、デカルト的近代合理主義に代表されるヨーロッパ文化の主張とは、「強い文化」が世界の中心になっていくべきだという考え方でした。そして、自然科学としては自然淘汰論、すなわちダーウィニズムと、社会でのマルクス主義、近代主義、啓蒙主義といったものが一緒になって、現在のグローバリゼーションにいたる道筋をつくっています。それはアメリカのブッシュ政権による対イラク攻撃の背景にもどこかで響いているものですから、いま問題としている「文化の多様性」とは、単に地球上に存在する一つひとつの文化を守れ、といったことにとどまらず、現代の国際政治に強い影響を及ぼしている問題なのです。

いくつかの先駆的な思想はあるにせよ、文化の多様性を擁護していこうとする考えが人類学や社会科学の中に明確な形で現れたのは一九二〇年代ぐらいからで、その歴史はまだ若いものです。アメリカの人類学では国内の先住民族擁護や人種差別克服のために、マーガレット・ミード、ルース・ベネディクトらが、文化相対主義を説きました。そして、政治哲学では文化複合主義、すなわちプルーラリズムが現れました。これはイタリアの哲学者ヴィーコを先例として発展した思想ですが、特に後で詳しく見るアイザイア・バーリンによって展開され、人間の合理的理性を信頼しながら、同時に文化というものは多様であることを認識して、それを保存しながら人類共通の合理性を尊重していこうという主張です。議論は多いところですが、この問題はきわめて現代的な問題にちがいなく、むしろ新世紀の課題として真剣に取り上げられるべきものです。

しかし、アメリカ政治に現在大きく影響を与えている新保守主義や、その背後にあると思われる社会科学・経済学におけるラショナル・チョイス(合理的選択)論は、明らかに啓蒙主義やダーウィニズムの、言い換えれば「強い文化」が支配をするという主張の流れを汲んでいます。こうしたアメリカでのラショナル・チョイスの考え方は、アメリカをはじめとする先進諸国で考えられた理論モデルで全世界の発展を設計し、問題を解決するというものです。こういう傾向に対して、文化の多様性の擁護は、発展や秩序作りが一元化・画一化することに対しては根本的なレベルでの異議申し立てをすることになるでしょう。

ただ、この際に注意したいことは、文化を考える場合、地球上のどこの文化でも「純粋な文化」は存在しない、ということです。グローバル化のなかで、反グローバリズムとしてナショナリズムが、日本も含めアジア諸国やヨーロッパでも高まっていたり、アメリカでも宗教原理主義のような形で現れたりしていて、そこでは「純粋な民族」「純粋な文化」を主張する傾向がどこかで見られますが、そういったものは存在しないのです。地球上の文化は、すべからくどこかで雑種化し混成化するもので、人類学者のレヴィ＝ストロースも、アマゾン奥地の非常に隔絶した地域でも、そこに住む人たちは近隣の他の文化の影響を受けている、と述べています。

外来の文化に対して自分たちの文化を主張するときに、とかく民族や文化の固有性、「純粋性」を取り上げる傾向はどこでも見られるものです。過激なナショナリズムの根底にはこうした主張があると思われますが、これについても私たちは注意していかなくてはならないでしょう。

## 「帝国」の議論と、文化による差別

「文化の多様性」と言葉で言うのは簡単ですが、それは何かとあらためて考えると実は難しいのです。そもそも文化という言葉がさまざまな意味で使われ、主張されています。その中には文化を肯定的に捉える立場もありますが、否定的に、疑問を呈する立場もあります。「文化紛争・戦争」を指摘し、「文化は戦う」と言う人もいるほどです。

最近日本でも評判となったA・ネグリとM・ハートの著書『帝国』の中でも、「文化」の否定面に論及がされています。ふつう人種主義（レイシズム）というと、わかりやすい例ではアメリカにおける白人種と黒人種の対立・争いが引き合いに出されます。これは肌の色といった、生物学的あるいは身体的な特徴で区別をし、差別をするものです。アジア人であれば黄色人種というぐあいに、これも身体的特徴によって分けられ、価値づけられます。このように人種主義や人種の理論はまず生物学的区別に根拠を求めますが、そもそも人間の肌の色とはそのように明確に区別できるほどはっきり分かれているものではないという説もあります。白と黒、白と黄色といっても、その間の中間的な色が実際にはたくさんあるのだから、厳密な区別はできない、また同じ「人種」の間であってもそうした違いを言えば切りがない、ということもできるでしょう。現代では、国際結婚や異民族間の通婚による「混血」も増え、身体的特徴による区別・差別はますますむずかしくなっています。

その一方でネグリたちは、「二一世紀のいま、人種主義、人種差別は生物的特徴にかわって、文化的特徴によってなされている」、「文化とは人と人を区別する特徴になってきている」といった指摘をします。文化を持つということが人間の間に隔絶や差異を持ち込むということにもなり、文化の違いが人種主義の基本になってしまったという、やや極端な言い方もされているわけです。少し長くなりますが、その説明を見てみましょう。

ネグリたちによると、事情はなかなか複雑です。すなわち、「生物学にもとづくこれらの近代的な人種差別理論は、存在論的差異──存在の秩序における必然的な、そしてまた永遠かつ不変の亀裂──を暗に意味しているか、それへと向かう傾向がある。それゆえ、そうした理論的立場に反発する近代的な反人種差別理論は、生物学的な本質主義の概念に反対するものとして自らを位置づけ、人種間の差異はむしろ社会的かつ文化的な諸力によって構成されると主張することになる」。

たしかに、現代の「常識」として肌の色の違いを言い立てて人間を差別することは、公然とは行われることが少なくなりました。「人種」による差異が社会問題として語られる場合にも、生活環境、家庭、貧困、教育などの社会的問題として、また宗教や文化の違いによる問題として、論じられる傾向が大変強いと言ってよいでしょう。

しかし、ネグリとハートは、そこに実は現代の深刻な問題があると指摘するのです。人間は生まれつき何らかの生物的な身体的特徴を持っていますから、肌の色が黒い黄色いといって、それを変えることはできません。生得の特徴は絶対的なものでしょう。だが、社会や文化の違いということは、ある程度、変えることができますから、そうした反人種差別理論は人間を平等な基準に置き、「同一の存在論的秩序や同一の本性に属する」ものとして捉えることを意味する。けれども、実はこうした反人種差別理論に現代の落とし穴がある、というのです。

グローバル化と情報化が推し進める現代世界の「帝国」化の中では、ネグリたちによると、「人種的な憎悪と恐怖の主要な表象がそれまでの生物学的差異から、社会学的かつ文化的な記号表現へと移動」することになります。

ここでの「帝国」の概念とは、「空間的な全体性を包みこむ体制」のことであり、「「文明化された」世界全体をじっさいに支配する体制」であって、それは領土による境界の制約を受けないものと想定されます。また歴史上の一体制ではなく、「時間的な境界をもたず、その意味で、歴史の外部ないしは終りに位置するような体制なのである」、その支配は「あらゆる社会生活の深部にまでその力を行き渡らせながら、社会秩序の全域に作用を及ぼす」、そして「領土と住民を管理運営するばかりでなく、自らが住まう世界そのものを創り出すのである」ということにもなるわけです。

いわば、グローバル化と情報化の行き着くところ、世界は「グローバル体制」とでもいったものに覆われ、その支配の性格はネグリたちの言うような形になるということなのでしょう。これに対しては異論はあるものの、現代における「人種差別主義」の性格について論じるところは重要な問題を含んでいます。

ネグリとハートは、「帝国」の人種差別理論がどのように作動しているか、と問い、フランスの哲学者エチエンヌ・バリバールが「この新たな人種差別主義を、差異主義的な人種差別主義とか、人種なき人種差別主義と名づけている」ことに触れ、それは「生物学的概念にもとづかない人種差別主義」であると言っていることを引いて、「人種差別主義の基礎および支柱としての生物学はたしかにそこでは放棄されているものの、今度はまさに文化こそがかつて生物学が担っていた役割を果たすように仕向けられるのである」と言います。

人間の生物的な特徴は固定された不変のものであるが、文化は、普通、歴史の中で変化しうるものであり可塑的で流動的なものである、と考えられています。文化は、先に触れたように純粋ではありえず、混成化するものです。ところが、「帝国」の人種差別理論から見ると、諸文化の柔軟性と共存可能性には厳格な限界が存在することになります。そこでは一つの文化や伝統と、別のそれとの間が乗り越えられないものとして捉えられます。その結果、異文化間の混交を許したりそれを主張したりすることは、無益であるだけでなく危険なことと考えられているのだ、というのです。

たしかに、九〇年代初めに現れて世界的に論争を巻き起こした「文明の衝突」論では、「文明の違いは乗り越えられない」と主張されていました。湾岸戦争の後で現れたこの理論は、結局、二〇〇三年三月〜五月のイラク戦争にいたる世界認識の枠組みを作り、結果として米英軍の攻撃を正当化する基礎的な政治理論となった面があると言ってもよいのではないでしょうか。そして、それは「九・一一」のテロ攻撃の背景にある世界認識を形づくらせた面もあるのではないでしょうか。

ネグリとハートは、「社会的差異の理論として文化に立脚する立場は、生物学に立脚する立場に劣らず「本質主義的」なのである」とさえ述べています。このような文化の捉え方には疑問があるとは言っても、現実には「文化の差異」をもって異民族や他者を排斥しようとする動きが根強く存在することも事実でしょう。「移民排斥」を主張する「極右」政治家であるフランスのル・ペン氏やオーストリアのハイダー氏などの政治的立場には、こうした「文化の差異」に立脚する人種差別理論の影響が見られると思います。

これはイギリスの社会人類学者アダム・クーパーの『カルチャー』という本に出てくる話ですが、ラトガース大学のモファット教授の報告によると、教授が自分の教室で、大学で同じ寮に住む白人系と黒人系の学生の間で議論をさせると、生物学的特徴から人種について語ることは拒否するのですが、文化の違いについてはそれぞれの立場から堂々と意見を述べるそうです。文化の差異を論ずることは今日的な話題であり、政治的にも正しいことと考えられているとのことです。

人種主義が二〇世紀においていかに悲惨な結果を生んだかは知られていますから、生物的特徴による差異を言うことはタブーとなっているし、それはアメリカ社会でも徹底されてきていて、肌の色の違いを理由に社会的な問題を論じることは政治的に正しくない、という社会的通念が生まれてきているようです。その一方で、文化の違いを論じるのは正当な議論、正当な権利とされているらしいのです。

けれども、実際にそこで論じられることといえば、何でしょうか。文化の違いを言うことは、自分の文化はあなたの文化とこのように違う――料理の好み、衣服、あいさつの仕方、ジェスチャーや話し方のアクセント、信仰など――、とさまざまな面で違いを主張することですが、好きな食べ物はこれこれだといったようなことが話し合われている分にはよいものの、小さな違いはいつの間にか大きな価値観の差異にまで発展することもありえます。

モファット教授の研究に戻ると、同じ寮に住む黒人系と白人系の学生たちの文化の主な違いとは、どんなポピュラー音楽が好きか、どんなファストフードを食べるかといったことくらいしかない、とはいうものの、その違いを黒人系と白人系の学生の間を分ける線として引いているということです。同じ大学で学ぶ現代アメリカの学生たちであっても、ささいな面における文化の違いには敏感であり、その小さな違いに二つのグループを分ける基準を設けていると言ってもよいかもしれません。その差が一般のアメリカ社会で、家族や生活環境や職業などの面にまで及べば、民族系統や伝統の違いといった面まで含む文化の差が社会的な意味を持つようになるのではないでしょうか。クーパーも、文化の概念は人種差別理論を強化する面がありうるとも論じているのです。

## 自文化中心主義の危険

ただ、相手の文化と違う点を確認し合うこと自体は決して悪いことではありません。逆に面白く楽しいことにもなります。外国人どうしが出会えば、「文化の違い」は格好の話題になることも事実でしょう。私自身、いつも経験していることでもあります。そうした認め合いですめばよいのですが、自分の文化を主張することが相手の文化との差異を強調することになり、そこに差別が起こる場合があるのです。

たとえばアメリカ社会でも日本社会でも、自分たちのグループや仲間の中にイスラム教徒がいれば、パーティや食事をしても、アルコールは出さない、豚肉は使わない、といった心遣いが必要です。そんなことは面倒くさいと思う人もいるかもしれません。しかし、少なくとも文化の違う相手がいるときには、必要な異文化への配慮を欠くと、相手はいい気持ちはしませんし、侮辱されたと感じることもあるでしょう。日常生活におけるささいな違いが排除につながってしまう、つまり多数民と少数民が交じり合っている社会では、相手を斥ける形で文化の違いが強調されることが起こります。

匂いといったものをとってみても、それが文化の特性にされてしまうときのことを考えてみましょう。ある文化圏の人にとっては何でもない匂いを、別の文化に属する人はがまんできないことがあります。外国人が嫌いだというときに「あの匂いがたまらない」ということもあります。私などが小さいころには「外人」(白人のこと)は体臭が強くて近くに行くと大変だ、といった話が日常的に言われました。食べ物についてもそのような話は多くあります。私の体験でも、一年間外国へ行って家を空ける友人が、誰かその間住む人はいないかと言うので、あるアジアの国から訪れた人を紹介して滞在してもらったのですが、一年経って外国の方が帰り、友人が戻ったところ、料理の匂いや「外国人」の体臭が部屋や家具についてしまって困った、もう絶対に泊めたくない、という話をされました。単に好意から紹介しただけなのに、ずいぶん「文化の違い」で嫌な思いをしました。

「文化の違いが、日常生活の些末なところに表れて、「好きな人もいれば嫌いな人もいる」といった程度で終わればいいのですが、そこは簡単ではありません。差別の対象にされることがあるわけですし、ネグリたちやクーパーの理論でも、現代の社会で文化が差別の道具となることが問題とされているのです。

よく「文化的アイデンティティ」ということが言われます。自分の育ったところとは文化的に異なる社会の中に自分を置いて生活しなければならないとき、たとえば、移民や難民、留学、仕事での駐在といった現代でよく見られる場合に、いろいろな形で異文化に適応することが必要となります。守るべきルールのはっきりした学校や仕事場などではスムーズに適応できるかもしれません。信号をどう渡るか、お店でどう買い物するかといった、社会的通念にもとづくことにも慣れていくことができます。しかし、異文化の社会の中でどうふるまうかは、慣れるにしたがって自分でもできることがある一方、やはりできないことが出てきます。文化に属することは、その社会で〝自明〟と思われるところが多いので、他所から移ってきた人間には、なかなかわからないことが多いのです。

たとえばキリスト教圏では、金曜は肉でなく魚を食べるという習慣を守ることが信仰上は当然と考えられていますが、日本の自宅に金曜日の夜にキリスト教徒のお客さんを招待して、肉料理を出してしまう、といったことは起こるものです。特に「肉食文化」圏からのお客さんの場合にはそうです。私もおいしい肉料理を出せば喜んでくれると思って、つい金曜日の夜に出してしまったことがありました。多くのあまり宗教的でない今日の人たちの間では特に気にしないで肉料理を食べて平気な場合がありますが、そう思っていると、案外気にして「控える」というアメリカ人やヨーロッパ人に出会います。ブッシュ大統領の家などでは、金曜日に絶対肉の料理は出せないのではないでしょうか。

過度に自分の文化を主張することは相手を傷つけます。また、自文化のアイデンティティを強く主張すると、自文化中心主義と受け取られることがあります。これは文化の差異にもとづく人種差別主義の傾向を助長することにもなりますが、文化の違う多数民の支配する社会では、逆に少数民は自分の存在をかけても自文化のアイデンティティを主張しなくてはならないことがあります。文化のアイデンティティをどういう場合に、誰がどのような形で主張するか。これは容易な問題ではないのです。自文化に誇りを持つこと自体はよいことにはちがいありませんが、多民族・多文化社会においては、自文化への誇りをどういうふうに表現するかという微妙な問題があることも忘れてはならないでしょう。

お互いに自分の文化を主張し合うことは、実は大切なことです。異文化を持った他者と日々出会う社会こそが現代社会なのですから、少しでも相手に自分の背景を知ってもらうことは必要ですし、また相手の文化的背景を理解することも重要です。しかし、異文化を背景にする多くの人たちが行き交い、混じり合うところでは、実は「文化」は大変デリケートな問題となることもよく認識すべきだと思います。このことは現代を生きる「常識」として強く認識する必要があります。

# 2　宗教・民族の課題

## 対立の要因として浮上

今日の世界を考えるとき、避けて通れない問題に、宗教と民族の問題があります。

宗教といえば、イスラムの、特にイスラム原理主義者とされる人たちの主張が、テロ行為と結びつけられて、問題となっています。そこから現代世界の対立の要因としての宗教という問題が、あらためて浮上しています。世界には宗教が「充満」しています。日本でも多くの宗教がありますが、通常、宗教は対立の要因ではありません。世界の多くの国や地域でも同じです。

近代社会では、科学的合理主義の発達によって、宗教を信仰することは消極的に捉えられてきました。消滅するなどと言われたこともありましたが、科学技術の世紀であった二〇世紀を通して、宗教は決して消滅しなかったばかりか、その世紀の終わりには地域紛争とからまる形で世界の耳目を集めることになりました。

「文明の衝突」「文化の対立」といった議論が一九九〇年代初めに立てられた際にも、宗教の対立がその背後にあって、キリスト教的世界とイスラム教的世界の対立とか、ヒンドゥー教的世界とイスラム教的世界の対立などが「文明の衝突」として論じられ、実際いくつかの地域ではさまざまな激しい対立が見られました。結局、二〇世紀では宗教の対立の問題はうまく解決できませんでした。二一世紀初頭の今日、宗教は見過ごすことのできない大きな問題として存在しています。

宗教の問題、それと関連する形での民族問題、この二つの問題には実に複雑な事情があります。

そこで、ここではまず宗教の問題から取り上げてみたいと思います。

## 世界宗教、民族宗教、民俗・民間信仰

宗教というときにまず思い浮かべるのは、世界的な大宗教です。キリスト教、イスラム教、ヒンドゥー教、仏教、それに儒教・道教といった五大宗教です。それぞれが長い歴史を持ち、各地に広がっている宗教で、国家とか民族とか地域を超えて存在しています。たとえばキリ

スト教は、日本にもキリスト教徒はいますし、中東地域にも、中国にもいます。そしてアメリカ、ヨーロッパでは人口の大半がキリスト教徒です。イスラム教の信者も、中東のアラブ世界だけでなく、ヨーロッパ、アメリカにもいますし、アジア各地にも広がっています。東南アジアのインドネシアやマレーシアでは、国民の大多数がイスラム教徒で、世界最大のイスラム教地域は、ブルネイを含めた東南アジアだと言われています。

他方、地域的に限定された、民族的な宗教がありますが、これは数もとても少なく、実はどう定義するか難しいものでもあります。

まず、日本の神道を考えてみますと、これは日本の民族的な「土着」の宗教で、アニミズムや自然崇拝を土台にして成り立ったものです。それが歴史を通して神道として宗教の形式をととのえ、存続してきました。近代には国家神道といった形でも展開されました。けれども、神道は日本人以外の間ではまず、信仰の対象とはなされていません。

日本が植民地とした朝鮮半島においても、台湾においても、各地に日本政府は神社を作って神道的なものを広めようとしましたが、全くと言っていいほど、そうした地域の人たちの反応はなく、信仰はされませんでした。日本が戦争に敗れたときには、朝鮮や台湾の人たちは自分たちを武力によって直接支配していた日本軍の兵舎に向かうよりも、まっさきに神社の鳥居を破壊しに行った、と言われています。これは作家の日野啓三氏のように当時植民地下のソウルに住んでいた人の目撃談として聞いたことですが、神道の象徴とされる鳥居を壊しに人々が向かって行ったということは、日本では連綿として信仰されてきたものが、近隣の東アジアの人たちには受け入れられるどころか逆に反日の象徴となったということを端的に示しています。

そして、東アジア地域を見渡してみても、神道のように、一つの民族・国家に固有な宗教があるかというと、これが見当たりません。日本でも、宗教は神道だけであったわけではなく、仏教や儒教・道教が大陸から入ってきて日本人の間に浸透し、むしろ神仏習合によって日本の宗教の基盤ができてきたと言ってもよいわけです。明治以降、神道が国家の宗教としての性格を強めていき、廃仏毀釈《きしやく》運動のような形で、他の宗教を弱めようとしたことがありました。しかし、仏教は生き残り、儒教・道教的なものやキリスト教も存在してきました。

けれども、神道のような宗教の存在はとても珍しい例ではないでしょうか。たとえば韓国に神道と同じような宗教があるかといえば、神道にあたるような民族的、土着的な宗教は存在しません。シャーマニズムがありますが、これは国家と社会の中心にあるような宗教というよりは、むしろ民間信仰として位置づけられていると思います。韓国では儒教、仏教、そしてキリスト教が社会で大きな位置を占めています。しかも韓国人自ら儒教の正統を誇ってもいるのです。このように大勢《たいせい》では世界の大宗教のほうが影響が強いと言えますが、日本では神道が天皇制と結びついていることもあって、仏教や他の宗教と並ぶ大きな力を持っています。その中で「靖国問題」も出てくるわけです。

もう一つ、民族的な宗教として考えられるのはユダヤ教ですが、ユダヤ教はキリスト教の母体となった大宗教です。キリスト教が全世界的に、ユダヤ民族以外の異民族にも、地域や国家を超えて広がったのに対して、ユダヤ教はユダヤ人の宗教ということで、今日までその枠を非常に厳しく保って存在しています。正統なユダヤ教では、ユダヤ人とはユダヤ教徒の母から生まれた者であり、ユダヤ人とはユダヤ教徒のことです。

もっとも、今日的な解釈ではその定義もいろいろと異なる見方が出ているかもしれませんが、「正統ユダヤ人」という定義やカテゴリーが、どこかに存在することも事実です。日本人がユダヤ教に改宗することは不可能ではありませんが、実際には大変難しいことですし、正統的なユダヤ教徒からすれば、日本人がどうして改宗するのか、と疑われることもあるわけで、日本人がたとえ改宗しても、形式はともあれ正統なユダヤ人とは認められないという話を聞きました。

非ユダヤ教徒の父とユダヤ教徒の母から生まれた子はどうなるかというと、その子はユダヤ人で、ユダヤ教徒となるとのことです。こうした点が、ユダヤ民族の宗教がユダヤ教である、という性格を強くあらわしているところです。宗教と民族の重なりの枠が限定されています。もちろん、ユダヤ人は世界中に広がっていて、そこで混血も行われますから、ユダヤ教徒からキリスト教徒に改宗する人も多く出てくるなど複雑な展開も見られますが、基本的にはユダヤ教は民族的な宗教です。

もっとも、外部から見ての「ユダヤ人」の捉え方はあくまでも「血」を中心としており、ナチスの「ユダヤ人」の定義では一六分の一のユダヤ人の「血」を継ぐ者は自動的に「ユダヤ人」とされ、強制収容所に送られました。ちなみに、太平洋戦争中のアメリカでもこうした定義が日系人を排斥する際にあてはめられ、やはり強制収容所に送られたという話です。内部と外部では、「民族」や「宗教」の捉え方も異なるのです。普通の日本人にとって一六分の一の日本人の血を持つ人とは、ほとんど「外国人」とみなされるのではないでしょうか。これはまた、日本人にとっての「日本人とは誰か」という問題を提起しています。

神道にはユダヤ教のように、こうした民族にかかわる厳密な定義は存在しません。漠然と日本人の宗教とみなされています。いまや日本人といってもさまざまな人たちがいて、実際には現代日本社会は多民族社会になっているわけですが、神道は、ユダヤ教の旧約聖書とか、イスラム教のコーランのように、信仰の中心となる聖典もなく、一般にはただお参りをしたり寄進をしたりしながら神々を崇め、お祓いを受け「神頼み」をする信仰になっています。戦時中には、日本民族の宗教として国家的な意識化をされたことがありましたが、戦後になるとそういうこともなくなりました。しかしそれと同時に、漠然と日本人の間に信仰として存在しています。廃れることのない融通無碍《むげ》な信仰と言えるでしょう。私などはこうした融通性に大変魅かれるものがあります。お参りすることのよさを何となく感受しているのです。しかし、そうは言っても、全国に有名無名の神社は数多く存在し、厳然とした神道の組織があることも事実です。神道のよさは、自然崇拝の形を現在でも残し、参拝を旨とした、信仰の簡素さにあるのではないでしょうか。神道の教義も儀式の意味づけも神道学としてはありますが、私などはごく素朴に、神社にお参りすることに喜びを見出したいと願うのです。

ところで、大宗教とは違った形の民族的宗教は、アジアでは神道くらいしかありませんし、世界でもほかにはユダヤ教以外に民族的宗教と言えるものはないのではないかと思いますが、ただ、世界中どこでも土着の、民間信仰的な宗教はあります。私のよく知るタイでも、土地に根ざす信仰としての精霊信仰（ピィー信仰）があります。これは日本の神道とも重なるような自然崇拝を中心とする信仰で、あらゆるところに超自然的なピィー(精霊)が存在すると人々は考えるのですが、そこにタイ人は独特の意味を見出して、善いピィーと邪《よこし》まなピィーを分けながら人間と社会の動きに対応させていきます。しかし、これは民間の信仰で、公の宗教ではなく、いわば私的な信仰と言えるでしょう。タイの自然と人間の生き方とが交わったところで出てくる信仰だと私は思っています。

### 宗教と信仰の形

さて、タイでも憲法は「信仰の自由」をうたっていますので、仏教(テラワーダ仏教)は国教とは言えませんが、実際には仏教が国教的存在になっています。仏教のような世界的宗教が入ってくると、ピィー信仰のような「土着」の信仰は民間宗教に追いやられたり、大宗教の下部に吸収されたりしていきます。東南アジアでは、各地にピィー信仰に似た民間信仰が存在していますが、たとえばイスラム教といった大宗教の下に隠れてしまっています。日本で仏教と神道が並存しているような形で大宗教と民族宗教が存在しているところは、アジアの他の国や社会では見当たりません。

一方、日本では、仏教が入ってきても神道がその下に隠れてしまうということはありませんでした。実際、どこのお寺に行っても、神社と寺院は並存していて、寺院の境内に神社があるところも多く見られます。神道は全国的に広がっているし、多くの日本人は、一般的に言っての話ですが、お葬式は仏教で、結婚式は神道でします。何か願い事があるときには神社に行って「神頼み」をし、同時に、お寺でも「仏さま」にも祈願します。まさに神仏混淆です。これも実に珍しい、宗教と信仰の形でしょう。

宗教は文化の大きな要素です。「文化の多様性」の尊重というときに、宗教との関係をどう捉えたらよいのでしょうか。個別的な文化に対応する個別的な宗教は、実は非常に少ないことに気づきます。むしろ、大宗教が世界の人口の大部分を覆っているわけです。そこに宗教の持つ複雑な意味があります。

仏教と日本との結びつきを考えてみても、日本では、神道的な信仰があったところに――神道以前のアニミズム的な自然崇拝と言ってよいのかもしれませんが――アジアの世界的大宗教として仏教が入ってきて、七世紀の日本でとても大きな位置を占めました。聖徳太子は、日本は「仏教の国」であると宣言しているほどです。それがいつの間にか仏教は神道と共存するようになり、いわば日本の文化に吸収され、その組織も歴史を下るにつれて檀家《だんか》制度など、日本の社会組織や制度に合わせた形で展開されました。むしろ、それによって日本人の間に浸透したという事情があると思います。

以前にも述べたことがあるのですが、仏教は日本では文化や社会に適応して広まり、大きな衝突を起こしませんでした。儒教・道教とも影響しあって発展しました。ところで、儒教は宗教というよりはむしろ「人倫の道」を説く道徳の教えであり、「人はいかに生きるか」というモラルと礼節を教えるものとして捉えられたと言ったほうがよいでしょう。私たちは儒教と言いならわしていますが、中国では「儒者」という言い方はあっても「儒教」という表現は用いないようです。また、道教は民間信仰の中に強く入ってきています。いずれにしても、仏教のような正統的大宗教とは違った形のものです。道教的な「七福神」の信仰は、神道とも共存しあうようにして日本人の間に定着しました。ひるがえって、仏教は世界的大宗教であると同時に、日本の社会に適応しながら日本文化の一部になったと言ってもよいでしょう。これもまことに珍しいことではないかと思います。

日本でも実際には、適応がうまくできる宗教とできない宗教とがあります。たとえば、キリスト教も一六世紀には熱狂的に受け入れられながら、日本の文化や政治と衝突して、結局日本に根付きませんでした。一六世紀に日本に渡ってきたザビエルをはじめとする伝道者たちは、普遍的な神の信仰を日本に伝えようという使命を持っていたわけですが、日本の国や社会の仕組みに適応できずに、信仰は隠れキリシタンのような形でしか伝わらなかったわけです。これは明らかに、仏教の場合とは違っています。

### 世界宗教と地域文化

世界宗教の中でもミッション(布教)の使命感を強く持った宗教、すなわち、自分たちの信仰する宗教で全世界をまとめよう、自分たちの宗教を伝導して全世界に普及させようという使命を持った大宗教は、大きくは三つあると言えます。キリスト教は、西欧が植民地を拡大するにしたがって、広がっていきました。さらに、イスラム教も全世界を改宗させようと、拡大していきました。基本的にはキリスト教もイスラム教も、各地にある民間信仰との並存を認めずに、「唯一の信仰」として異なる民族や社会や文化に布教をしていったのです。

もう一つの大宗教である仏教もこうしたミッションを持っていましたが、各地にある民間の宗教に比較的寛大な対応をしたと言えるでしょう。先行して存在していた大宗教であるバラモン教的な信仰、ヒンドゥー教的な信仰や、先に述べた精霊信仰のような民間信仰を、抑圧しようとはせずに、並存をしながら人々の間に浸透していこうとしました。仏教が中心になるにせよ、民間信仰を抹殺しようとはしません。仏教はキリスト教のように一神教の絶対的な神のメッセージを人々の間に布教しよう、というのではありません。仏教そのものが攻撃的ではなく、人間であるブッダが達成した悟りの道を説くという、「自らを助くる者」へのメッセージですから、「唯一の信仰」の押しつけという形はとりません。仏教が主流のスリランカやタイに行きますと、仏教的な信仰と民間の信仰が結びついて、一体化しています。

スリランカでは、多数民のシンハラ人が仏教を信仰しています。それはテラワーダ仏教(小乗仏教とも呼ばれます)という、ブッダ直伝の仏教と人々がいう信仰ですが、その寺院を訪ねると、ヒンドゥー教の影響が大きいことに気づきます。これは日本の寺院には見られないものです。詳細は省きますが、仏教寺院の中にヒンドゥー教系の神様も祀られていて、ブッダが人間の最高の道を示し、悟りを説いて大きな幸福を与える一方、ヒンドゥー教系の神々は日常的な利害をつかさどり、日々の祈願を叶えてくれる信仰の対象とされています。また僧侶は仏の道を教えると同時に、民間信仰である「ピリット」(精霊)への祈願を取り次ぎます。私もコロンボの寺院へ行きますと、知り合いの僧侶に、手首に白や黄色の糸(ピリット・ヌル)を巻いてもらう「魔除《まよ》け」の儀式をしてもらいます。

日本の大きな寺院、たとえば、芝の増上寺、さらには京都の金閣寺などにも、境内に小さな神社がありますが、ある意味では同じような形式と言ってもよいかと思います。仏教はこのように、土地の文化との習合性を示しています。

つまり、全世界への普及を目指しつつ、大宗教によっては、「文化の多様性」の尊重との関係はさまざまに違います。仏教は土地の文化を重んじて布教をし、他の宗教を攻撃せず、「来る者は来い」という姿勢で臨む傾向がありますが、イスラム教やキリスト教は強いミッション意識を持っていて、全世界を布教によって改宗させようとし、そのためには異教と異教徒を滅ぼすため武力的な攻撃も辞さないなど、強力で破壊的な布教手段をとることもあるわけです。その点で、先に触れたアメリカとイラクの「神の国」の対立は、現代にもこの形が受け継がれていることを教えるものと言ってよいでしょう。

もう一つ、大きな宗教であるヒンドゥー教を見ておきますと、インドではヒンドゥー教は多民族社会の共通の宗教になっています。それだけ広がりを持った宗教ですから、元来は当然ミッションを持っていました。今では、もともとあったその土地の神々や家族の神々と一緒になって、インド人の宗教として一般に信仰されています。もっともインド内部にはイスラム教徒もジャイナ教徒もシーク教徒もいて、ヒンドゥー教徒だけではありません。しかし、インド人と一般に言われる人たちの大部分が信仰する宗教であるとは言えましょう。現在の状況では、世界各地にヒンドゥー教徒はいるものの、他民族や他地域に布教しようとする強い動きは見られません。他の国や地域でも他宗教の信仰を持つ者がヒンドゥー教に熱狂して改宗していくことは、少なくとも私の見聞する限りありません。世界宗教に特有のミッション意識を持った宗教ではないと見てよいでしょう。インド人は多くの民族から成るということを忘れてはなりませんが、大部分のインド人の宗教と言えます。

積極的にはインド人の外部へとは広がっていかないヒンドゥー教と、逆に強い布教意識を持って広がっていくイスラム教が、折り重なって存在する地域が出てくることもあります。そこで、領土問題の対立の背後に宗教の違いが存在するカシミール問題が起きたり、インド北部のアイヨーダの寺院をめぐる宗教対立問題などでも互いに譲らないで、大きな紛争に発展することがあるのです。強い布教意識を持たないヒンドゥー教といえども、対立や紛争の場面となると、大変攻撃的になりますが、これは仏教であっても見られることです。宗教そのものは対立的・攻撃的ではないが、それを信ずる人間どうしは対立し攻撃しあうのだという指摘もありますが、それならなぜ宗教を信ずるのか、ということになってしまいます。

ただ、自分の信仰を積極的に、時には攻撃的にミッション意識を持って広めようとするイスラム教やキリスト教などの宗教も、広がって行った場所の文化や社会に適応し、適合する部分があります。キリスト教でも地中海世界に行くと、そこにもともとあった大地母信仰がマリア信仰の形となってキリスト教の中で存続していることが見られます。ユダヤ教的な信仰の系統からキリスト教を見れば、父系的で男性的なイメージが強いのですが、イエスの母マリアの大きな存在を信仰する面が強く現れるのは、イタリアやスペインなど地中海文化と結びついた地域です。

こうした習合は、イギリスとかドイツとか、北の方のヨーロッパではあまり見られません。ですから同じキリスト教といっても、地中海的な性格を持って広がったものと、北方で広がったものとでは性格が違います。ドイツなどでは、新教すなわちプロテスタントが出てきて、土着的な文化的系統の信仰を削ぎとって、より純粋なキリスト教信仰としての面が強調されましたが、地域によって異なる発展があったことにとどまらず、同じキリスト教の枠内であるとはいっても、新教と旧教との争いにはとても苛烈なものがあったことを忘れてはなりません。フランスではその対立から、聖バーソロミューの大虐殺が起こったり、ユグノー信徒のように迫害によって他国へ逃れた例もあるのです。

イスラム教においても、教祖のマホメットが死んだあと、教理を中心とした長老会議に支えられたスンニー派と、教祖の血統を重視するシーア派とに分かれて、対立をしてきました。今日でも、シーア派は攻撃的な信仰をすると言われていますが、イランやイラクなどに多く存在します。それに対して、スンニー派はトルコをはじめ東南アジアにも多くの信者がいます。同じ宗教内でぶつかりあうのは、イスラム教の中での信仰の仕方の違いによります。それが国や地域や民族と結びつくところに、複雑で激しい問題が生じる原因があるのです。イスラム教には、マホメットの地であるアラビア半島に住み、アラビア語すなわちコーランの言葉を使う人たちと、他の地域での改宗イスラム教徒との違いも存在します。ボスニア、コソボ、アフガニスタン、イラクなどで、戦争が起きたときも、「イスラムの大義」の下でのイスラム教徒の大連合が言われましたが、成立しませんでした。

### 対立・紛争と宗教

先にも触れたアメリカの国際政治学者S・ハンチントンが「文明の衝突」論を唱えて、異なる文明であることが現代社会では衝突や紛争を起こすと述べましたが、事実は異なり、同じ文明・宗教の中でも現に衝突は起こります。典型的には、今日なおイギリスが抱えている北アイルランド問題があります。イギリスの植民地であったアイルランドは、南は独立してアイルランド共和国になりますが、北はイギリス人がたくさん移民をしていて、イギリス領のようになっています。イギリスはヘンリー八世以降新教の国となり、国教である英国国教会（アングリカン・チャーチ）を中心としていますが、アイルランドは本来カトリック教徒の国であり、同じキリスト教であっても、この信仰の違いが「植民地問題」ともからんで、現在まで混乱を生み、北アイルランド問題はいまだに解決がついていません。

私たち日本人から見ると、同じキリスト教内のことですが、テロをはじめとする激しい紛争が続いてきました。これは宗教だけが理由ではありませんが、現実を見てみれば、一方がカトリックで他方がプロテスタントと、双方の違いは明確で、両者の間で曖昧な宗教的立場は許されないのです。それにここでも宗教は民族と重なる部分が大きく、イギリス人――アングロサクソン系でプロテスタント、アイルランド人――ケルト系でカトリック、と分かれています。

大宗教は地域、国家、民族を超えて広がっていきますが、広がった先でその土地の文化との融和に配慮しないと、対立し衝突を繰り返すことにもなります。ただ、受け入れるほうは、強大な宗教がやってくるわけですから、その土地の信仰が持っている素朴な教えでは、人類を救う、社会や個人を救うという大宗教の強力なメッセージに打ち勝てない。西欧列強の植民地化の進展にさらされた被植民地のほうで見れば、武力も経済力も強い大きな勢力がこうした大宗教とともに入ってくるわけで、その中に入ったほうが、つまり征服者と同じ信仰を持ったほうが生きていきやすい、現実的な利害関係ではやりやすい、ということがあるとは思いますが、それだけではなくて、基本的なところで人間の魂、人間の存在を救うといった強いメッセージがそこにあって、それに魅かれ、それらを求めて人々が外来の大宗教の信仰へと入っていくのだと思います。

大宗教でもヒンドゥー教や仏教は、歴史上はあまり攻撃的な布教は行わずにきました。一方、キリスト教やイスラム教は、布教のためには武力の行使を辞しません。近代日本に限って見ると、キリスト教は仏教や神道を攻撃する形で布教をしてはこなかったし、今でもしていません。キリスト教の教会に来れば救いの教えを伝えようという態度でした。しかし世界の歴史を見ると、西欧の列強は異民族を征服し、植民地を建設するときに、武力や政治・経済の力とともに、精神的にも服従させようとして布教を行ったことがありました。また聖地を、異教徒、この場合はイスラム教徒から奪還するために、十字軍の派遣を行ったこともありました。

キリスト教でもイスラム教でも、土地の人たちが素朴に持っていたアニミズム的なものを、全部否定することはできないと思います。世界中に広まるためには土地の信仰をどこかに包含しなければやっていけないでしょう。それが、キリスト教会の信仰や教義は同じでも、地域的な異なる展開を生み出しました。アメリカの黒人教会といわれるものもそうですし、アフリカなどの独立教会もそうした例でしょう。私のよく知るスリランカでは、タミル人の間に似たような形の教会があります。コロンボの聖アントニー教会はその典型ですが、クリスマスのミサに行ったところ、黒メガネのカリスマ的神父さんのもとでの熱狂的なミサは黒人教会に近いと感じました。同じコロンボでも英国国教会系の教会のミサは、まさにロンドンでのそれと同じような形で行われていました。

私はタイの仏教とスリランカの仏教を比較して研究してきましたが、タイは植民地にはならず、独立国を通したこともあって、仏教は王と国と社会の圧倒的支持の下で発展して、国教的な地位を得ています。一方、スリランカは、一六世紀以来ポルトガル、オランダ、イギリスの植民地になる経験をして、キリスト教的なヨーロッパ文化の強い影響の中で、仏教は抑圧され変容しました。そのため、この国の多数民のシンハラ人にとって、仏教は反植民地、反西欧文明の精神的バックボーンとなってきました。タイでは、仏教は政治とは関係を持たないという立場で、それなりの中立性を保ってきましたが、スリランカでは、反西欧、反キリスト教、そして少数民であるヒンドゥー教徒のタミル人との対立、民族紛争の中で、仏教徒は攻撃的になり、政治に関与し、僧侶が反植民地闘争の先頭に立って戦うことがありました。今でも民族紛争において、シンハラ・ナショナリズムの中心を担う仏僧が存在するゆえんです。

そういう意味では仏教や仏教徒も、政治的な状況によっては攻撃的になりますが、この攻撃的仏教は、シンハラ人の仏教徒の植民地状況や民族紛争状況の中での問題であって、世界的な宗教としての仏教そのものの性格を示すものではありません。置かれた状況によって、ナショナリズムや民族主義の支柱としての仏教という面が強く出ているのです。

**民族問題の深層**

このように宗教と民族の問題は、二一世紀を迎えてなおこの世界が直面している困難な問題です。たとえば先に触れた、イギリスの喉に突き刺さったような北アイルランド問題があります。その根は、ヨーロッパの歴史に尾を引く新教対旧教の対立でもあると同時に、アングロサクソン系とかノルマン系とかいわれるイギリス人と、もとはケルト系であるアイルランド人の対立でもありました。カトリック教徒であるアイルランド人は、本来、言語としてもゲール語を使い、ヨーロッパ文化の古層であるケルト文化の継承者でもあります。新教徒であり、英語を話し、一般にアングロサクソン系であるイギリス人とは、単に宗教が違うだけでなく、民族も、言語も異なっており、このことが北アイルランド問題を単なる政治・経済・植民地の問題にとどめない、複雑で困難な問題にしています。まさに宗教と民族の問題が重なっているのです。

またパレスチナ問題にしても、イスラム教徒のアラブ・パレスチナ人と、ユダヤ教徒のイスラエル人との対立であり、領土問題としてだけでなく、民族と宗教の問題が重なっていることが、問題をさらに複雑にしています。聖地エルサレムの問題を見ても、このことはよくわかります。ユダヤ教、キリスト教、イスラム教の聖地となっている場所なのですから、誰がこの場所を支配するのかは、信仰上の「死活」の問題とさえなります。

さて、民族問題です。二〇世紀には、ナチスなどの「民族浄化」の嵐が吹き荒れた後の反省もあって、国際化やグローバル化の中で消えるかとも思われた問題です。あるいは、さかのぼれば近代の国民国家の形成の中で、民族というカテゴリーを独立して立てるのが難しくなるということもありました。国民国家は国内に異民族という独立集団の存在を認めないのが建前です。日本でも、日本民族とされる国民以外に、先住民族とされるアイヌ人や、在日韓国・朝鮮人あるいは華人系の人などが、独立した民族集団として存在することを認めません。それを嫌って日本国籍を取らないという場合があります。この問題は複雑ですが、近代の国民国家である日本は、日本人となった国民の国家という前提で存在しています。これはほとんどの近代国家と同じです。

フランスなどでも、フランスという国民国家に、個人としてあるいは市民として属するのであって、その中で異民族集団として存在するということは許されません。それで、フランスの学校において、北アフリカ系のイスラム教徒の生徒がつけるベールを学校の中でするのは認めないという問題が生じます。これに対してイスラム教徒は信仰の問題として反発するわけです。この問題にはフランスの「共和国統治」という国家の根幹的な問題が底にあることも指摘されています。異民族集団としての存在がそのことによってスティグマ化されてしまいます。ですから、固有の民族集団から個人を切り離して国家に所属させるというのが、近代国家の共通した性格なのです。日本で民族集団として生きていくのなら、日本国籍は取らず、日本国民とならずに生きていくことになりますが、それはとても難しいことです。また一方で、よく言われるのは、先住民としてのアイヌの人たちが日本人になってしまうと、アイヌ人独自の文化も失ってしまい、民族集団としてアイヌを主張することも難しくなる。日本に同化すると、どうしても日本文化に取り込まれることになります。逆に、近代国家とはそういうものだと言えます。それがいま「国家」がどうあるべきかといった問題にもなっていきます。多民族・多文化社会にとっての「国家」とは、少なくともこれまでに見た「国民国家」では限界があるといった議論です。

しかし、自分が生まれた民族の痕跡、そのアイデンティティは消えない、ということも事実であり、そこがアイルランドにしてもスリランカにしても問題となって、同じ国家に属しながら、異民族どうしが争うということが起きるのです。スリランカでも多数民であるシンハラ人の仏教徒と少数民であるタミル人のヒンドゥー教徒が対立をしています。イギリス植民地時代にキリスト教徒に改宗した人たちは両民族ともにありましたが、仏教徒に改宗したタミル人も、ヒンドゥー教徒に改宗したシンハラ人も、まずいないのです。両者の間の通婚もほとんどありません。

宗教と民族の問題が一緒に起きる場合は多く、チェチェンとロシアの場合も、ロシア正教徒のロシア人とイスラム教徒のチェチェン人が、ロシア共和国連邦の中で深刻な闘争を繰り返し、プーチン大統領でも一向に解決できないでいます。そこには独立問題にかかわる政治・経済・領土の問題だけでなく、宗教と民族の差異が重なっているがゆえに、対立も深まり、その平和的解決も遠のくのです。もし、民族が異なっていても、宗教の違いという問題が重ならなかったら、ここまではげしく問題がこじれなかったかもしれません。昨二〇〇二年にモスクワで起きたロシア劇場占拠事件もチェチェンの独立を主張するグループのテロ事件でしたが、チェチェン人がイスラム教徒であるために、アルカイダの関与も見られるとのことで、イスラム過激派の起こした国際的テロ事件としても受け取られました。

この一〇年ほど、世界の耳目を揺るがす地域紛争は、パレスチナをはじめ、ボスニアやコソボにしても、アイルランドにしても、カシミールにしても、スリランカにしても、チベットにしても、民族と宗教の問題がどこかで重なっていて、それが紛争として複雑化し、解決を難しくしているのです。

繰り返しますが、近代的国民国家は、国内に自立した民族共同体の存在を認めない、つまり、国民国家の法の平等の下で、個人が国民として国家に所属するというのが国家の存立の前提であり、条件でありますから、あくまでも民族ではなく個人に重点が置かれています。けれども、国内に異民族の集団があった場合に、この法の下の平等が実際にはまっとうされず、多数民と少数民の間で差別が出てきてしまうことも多く見られます。「国民」という概念はあっても、その「国民」を構成する少数民・多数民の存在が対立という形で浮上したときに、その国民国家の枠内でうまく処理できないことが数多く出てきているのです。

言語の使用も含め、公的な領域で、どういう文化を中心にして社会が成立しているかというと、どうしても多数民のそれになってしまいます。そこで、少数民の不満が現れてきます。

## 民族をどう定義できるのか

さて、それならば民族とはいったい何かというと、その定義が実際は難しいのです。文化と民族が、重なる場合もある。言語による定義もある。言語の場合、日本語ひとつ考えてみても、外国人として生まれ育った人がのちに日本語を習得して、日本国籍を取り、日本で生活している場合があるだけでなく、生得的に家族の言語として得た日本語を使用している人の中にも本来さまざまな異民族も存在しています。日本語でなく、英語を考えればますますその多様性ははっきりしますから、言語だけでは民族を定義するということは、大変難しいのです。

田中克彦の名著『「スターリン言語学」精読』に学んだことですが、民族の定義として、有名なスターリンの定義があります。スターリンは、「民族とは、人種的、種族的な共同体ではなく、歴史的共同体である」、「民族的共同体と国家的共同体の違いは、前者が共通の言語なしに考えられないのに対して、後者は必ずしも共通の言語は必要としない」、「国内に複数の言語が存在することはその統一を妨げるものではない」と言っています。さらに、民族の特徴には四つあると述べていますが、それらは、言語の共通性、地域の共通性、経済生活の共通性、そして文化の共通性です。文化については、衣服や食事などを通した、心理的な共通性の重要性を指摘していますが、これらを基礎にした歴史的共同体を民族としているのです。

これは、あくまでソ連国内で民族政策を進めていく際に基礎とされた概念であり政策理論でしたから、今日では問題も多いとは思いますが、旧ソ連では民族を捉える場合の、たしかに重要な要件でした。民族として認められると保護を受けたり、共同して生活ができたりしましたが、条件が一つでも欠けて民族と認められないと大変なことになったのです。

たとえば第二次大戦中にナチスに加担したとして迫害されたカムルク人は、もともとボルガ川流域に集住していましたが、ソ連時代には集団追放されるということがありました。ソビエト政府は一九四三年一二月二八日にカムルク人の自治共和国を解体し、約一〇万人の人たちはシベリアや中央アジアの異郷の地へと離散させられたというのです。「地域の共通性」を失ったカムルク人は、ソビエトの統計の項目から、カムルク民族としてもカムルク人としても、抹消されてしまいました。スターリンによると、民族を特徴づける先にあげた四つの項目の「すべての特徴が同時に存在する場合に」はじめて、独立した民族として認められ、

「民族集団」の存在が位置づけられることになります。カムルク人は、一九五八年に名誉を回復されて、分散させられていた土地から故郷に帰還し、彼らの自治共和国が再建されました。ロシアとなった後は独立共和国になりました。地域は回復され、「民族」であることが保証されたというのです。「民族」の定義はこのような惨事を正当化します。

こうして国策としての民族の定義がなされた場合、そこには明暗が生じてきます。ユダヤ人の場合、端的に影響がありました。ユダヤ人はいろいろな地域に溶け込んで生活していますから、その言語もさまざまで、固有のヘブライ語だけの民族集団として地域共同体を作るのは難しく、そこから「民族」ではないと捉えられて、ソビエト政府の「保護」の対象にはされませんでした。文化的習慣などでロシア人をはじめ他の民族とは明らかに違い、社会の中では別の民族だとされて、厳しい状況を強いられたことはよく知られています。ナチス支配下のドイツでも、ユダヤ人は体制へ同化した異民族として逆に迫害されたのです。このことは、多かれ少なかれ、現在の民族問題に重なってくるところでもあります。

## 異民族・多宗教の共存

いま、民族は歴史的共同体だというスターリンの考え方を紹介しましたが、この考え方が充分なものかというと、これも難しいのです。民族の中には集団としてまとまっていなくて個人として存在する場合がありますし、一つの地域を考えた時にでも、異なる民族が入り組んで住んでいる場合もあります。東西冷戦の終結後、民族も言語も地域も異なるためにチェコとスロヴァキアが比較的スムーズに分離したような例はむしろ少数です。多くの場合、地域を分割できないような形で異民族が入り組んだ社会や地域の構成になっていますから、そうした状況で独立の要求が一民族から出てきたときに問題が起きてくることが多いのです。ほとんどの場合、近代国家の憲法や法律の下で権利は保護されているとはいっても、現実ではある種の排除や規制があります。スリランカのタミル人過激派の主張する「独立地域」にしても、多くのシンハラ人やイスラム系の人も住んでいて、タミル系の人だけが住む地域ではありません。

それに、スリランカの場合だと、大学入試において、人口比で入学者が決められます。日本でふつう考えれば大学入試の合否は、個人の試験の出来不出来によって決められるものなのに、出身の民族が全人口に占める割合によって入学者の数が限定されてしまって、はるかによい点をとった学生がその割合を越えるために入学できないことが起こり、その不満が民族紛争の要因にもなることがあるのです。国家の一員であることは同じなのにもかかわらず、です。

　こうした例もあることから、近代の国民国家の成立以前のかつての帝国の場合は、民族や宗教への対応や政策がどうであったかという問題が、しばしば議論されるようにもなってい ます。オスマン・トルコ、ハプスブルク、ローマといった、巨大な領土に多くの異民族集団を擁する帝国では、民族融和政策に成功した時期もあったとされます。オスマン・トルコ帝国であれば、その中心となっている宗教はイスラム教ですが、帝国領内にはユダヤ教徒やキリスト教徒を含め、多くの異民族集団が存在していました。帝国政府は、それらの異民族集団の独自性を認めることを明言していて、同じ民族内で対立や犯罪などの問題があった場合はその民族集団内の法や慣習で処理するようにし、問題が異民族間で起きたときには、「イスラムの大義」の下に、オスマン帝国の中央政府で裁くという対応をしていたと言われます。これは「ミレット制」と呼ばれて知られています。ハプスブルク朝のオーストリア・ハンガリー二重帝国の後期には、独自の「民族宥和《ゆうわ》政策」がとられましたが、これも異民族を個人として認める方針で、ユダヤ人などは大いに活躍する場を見出したと言われています。政府の高官や役人などへの登用も民族を問わず、君主に対する忠誠を誓えばよかったのです。

　旧ソ連も、これと近いことがあったといいます。ゴルバチョフ時代に外務大臣を務めたシュワルナゼはグルジア人で、ロシア人ではありませんでした。それこそスターリンその人もグルジア人であり、レーニンにもタタール人の血が入っていたという説があります。追放されたロシア革命の指導者の一人トロツキーはユダヤ人でした。社会主義イデオロギーの下での「帝国」ですが、そうした帝国では国民国家とは違った異民族への対応があったのです。ソビエトが解体されてロシアとなると、グルジアは独立共和国になり、逆にロシアとの対立も起こります。シュワルナゼはグルジアの大統領となりました。いまや対立をはらむ国際関係の一方の側に立って、過日のような「融和」は見られません。

先に触れたハプスブルク帝国でも、民族固有の権利は少数民であっても憲法で認められていて、その集団の言語も使用することができました。大都市ウィーンは、さまざまな異文化を持つ民族が集まったからこそ、文化的にも活発になったといいます。精神分析のフロイト、音楽のマーラーやシェーンベルクらが活躍できたのも、帝国の「民族宥和政策」によると言われています。

近代の国民国家では中心的民族が支配をするのが当然になっていますが、いわば、帝国の宥和政策の反対を行き、そして帝国それ自体を破壊したのが自民族中心主義であり、ナショナリズムの台頭なのです。オーストリア・ハンガリー二重帝国が崩壊すると、その後に各地域にできた「国民国家」的な国々は、ハンガリーでも、ポーランド、チェコ・スロヴァキアでも、国と社会は少数民族を従える支配民族中心の形で統治されるようになりました。

## 複雑化する対立

近代は、科学技術が発展し、人権と民主主義を尊重するなど、社会はさまざまな形での封建的で前近代的な束縛から解放され、新しい発展があったのは事実ですが、他面では、異民族間で対立を深め、迫害や排除の仕組みも作ってしまいました。そこには、「帝国」の持つある種の宥和策や異民族の共存をはかる寛容さが乏しかったのです。二〇世紀はそれ以前の時代より、人々の移動も多くなり、多民族・多文化の共存のためにもっといい時代になるかと思われたにもかかわらず、逆に異民族に対して迫害的に、また抑圧的に働く装置を作ったのでした。その代表的なものが、ナチスによるユダヤ民族絶滅政策とそのおぞましい実行だったわけですが、それが近代の科学技術の最先端を行ったドイツで出現したことは、何とも象徴的なことと言ってよいでしょう。

そして、その影響は今でも残っているのです。「自由な国家」であるアメリカでさえ、アジア系、アフリカ系の人々への差別や排除はどこかで存在していることは事実です。さらに、

「九・一一」事件以後では中東系のイスラム教徒へのある種の排斥的な運動が見られるなど、依然として「民族問題」は解決されていません。

新世紀の世界においても、互いに異なる宗教や民族は共存できるか、これは変わらぬ大きな問題であり、人類全体の課題でもあるのです。これまでのところ、「国家」という枠は、この問題に対しては必ずしも有効に働かなかった面が見られました。近代の合理的世界を築こうとした二〇世紀も、その面では実際は多くのプラス面を創り出したとは言えず、宗教や民族や文化の問題では、「帝国」時代と較べて逆に行くことが多かったわけです。

グローバル化時代での、民族・宗教問題がどうなっているのかというと、紛争や対立が国際化したと見てとることができます。スリランカの民族紛争問題は、タミル人が多く住む南インドのタミル州に飛び火しますし、チェチェン問題はテロのグローバルなネットワークに関係して広がっています。また、言うまでもなくパレスチナ問題は全世界の課題となっています。北アイルランドの問題も、アメリカに多く住むアイルランド系の人々の支持動向と関係があり、大西洋を越えて広がる問題でもあるわけです。中国の新疆ウイグル自治区やチベット自治区の問題も、世界の抱える困難な課題となっていて、中国だけの問題ではありません。

このように、民族・宗教問題は現代の世界にあってとても複雑であるだけでなく、すぐに地域や国境を越えて広がるし、少数民の反抗もネットワーク化して、さらに複雑な方向に展開されていくことを認識しなければなりません。

## 個人なのか、集団なのか

こうした民族・宗教問題の解決を、国家や国際関係・地域関係の中で捉えるとき、人間を「人」と捉えるか、「族」すなわち集団として捉えるか、そこが一つの鍵になるかもしれません。民族単位で考えるのか、あるいは、ひとりのタミル人とか、ひとりのチェチェン人として考えるのか、ここに大きな問題が存在すると思います。

国家の形態としては、帝国の解体後、各地に出現した国民国家として近代化が進み、そしてさらに、ヨーロッパの海外植民地領土を擁する「植民地帝国」の崩壊の後、植民地から解放されたアジア、アフリカ、ラテン・アメリカの各地に出現した新しい「国家」がいまや世界中に存在しています。新しい「国家」は、ほとんどが「国民国家」をモデルとして国家の形成をはかっています。異民族を征服し、領土を広げていくことが帝国の性格ですから、「国民国家」、近代国家はその逆で、自国の領域を堅く守ることを本質としています。

かつての帝国においては、人間の単位は主としてまず「族」でした。この問題は、集団か個人かといった、一種普遍的な議論にもなりそうですが、「族」と認められればそれなりの扱いを受けられました。同時に、「族」を超えた人材の登用も可能だったことから、その「自由さ」が「帝国」の普遍性を示す「文化」でもあったと言うこともできます。

近代国家では、人間は個人として捉えられ、国籍を有していれば、国内では法の下に権利を有し一定の平等な扱いを受けられます。これは建前である部分が多いことかもしれませんが、充分に機能していれば、大変望ましいことにはちがいありません。けれども、ある人が多数民の人であれば国民や市民とその個人は一致し、自他ともに同一視されますが、少数民の場合は一致しないことが多いのです。この場合に、「族」となってまとまらなければ権利や法の保護を受けられないからと集団で活動すると、社会的対立の要因になるし、逆に個人として生きれば不充分な条件に甘んじることになって、不平等感や差別感が強くなり、国や社会の問題として、とても難しい状況が生じます。

人=個人としても認められ、族としても認められることになるといいのですが、一つの国や社会の中で、異文化・異民族の独立した存在が認められていなければその実現は難しく、それを認めると国民は二重三重の属性を持つことになり、国家の同一性は揺らいでしまいます。そこで必要なのは、もう一度、国民国家を根本から見直すという作業になりますが、それは「グローバル社会」を実現しようとする前提の下に各国家と社会が構築されなければならない、ということになるでしょう。そうでなければ、こうした問題が国内的にも解決されることは大変困難であるとさえ思うのです。

「人」および「族」という呼び方も、国家のあり方の基本的な部分にかかわる問題を呈示しています。日本は「単一民族」だとつい言ってしまう人がいるわけですが、現在の日本には多民族化社会と捉えるべき状況が見られることを、再度述べておきたいと思います。

## 3　理想の追求

### バーリンの警告

現代の世界を襲う危機、文化と人間と社会を混乱と不安に陥れる難問の数々――ここまで述べてきた現在の状況を考えるにつけ、私にはある思想家の言葉が胸に迫ってきます。「多文化世界」への道を論じていく前に、一度その言葉を、ここで反芻してみたいと思います。その思想家とは、故サー・アイザイア・バーリン（一九〇九～九七）のことです。私はバーリンの著作をいつも座右に置いて何度も読み返しています。私にとって、他にこのような思想家は現代の思想家の中には見当たりません。彼の著作は、基本的にはヨーロッパやロシアの社会思想を鋭く分析したものが中心なのですが、それらに啓発されるだけではなく、バーリンの世界の見方に感銘を受けるのです。バーリンの思想は、今日の亀裂する世界ではますます重要になってくると思います。

バーリンその人について少し紹介しておきましょう。ラトヴィアの首都、リガのユダヤ人の家庭に生まれ、父親の仕事により、また時代の波に揉まれたことから、ペトログラードを経てロンドンに落ち着きます。オクスフォードで教育を受け、政治思想・哲学の教授として令名を馳せ、のちに同大学にウォルフソン・カレッジを創設、初代の学寮長として尊敬を集めました。私は残念ながら生前に謦咳《けいがい》に接する機会を持つことができませんでしたが、一九七〇年代初め頃、オクスフォードに滞在していた友人を訪ねて初めてこの大学に行った当時は、さながらバーリンなくしては世は治まらないといった調子でした。その論文の書き方・スタイルを真似して気取る学生や研究者が多かったものです。

マイケル・イグナチェフがバーリンの死後、すぐに刊行した大部の伝記は、その姿を生き生きと捉えています。それによると、バーリンの古今にわたる博覧強記は、もっぱらベッドに横たわって好みのキャンディやクッキーを食べ散らかしながら得られたということで、私個人の趣味とは少し違うのですが、こんなところにもひそかにバーリンを敬愛する理由はあるのです。彼の講演は知的興奮に満ちて人々を魅了したそうですが、一方で早口でまくしたてる内容は言葉より先に口から溢れてくるようだったと言われています。

さて、ここでぜひ取り上げたいバーリンの論考があります。イタリアはトリノの盟主、フィアットの会長だった故ジョヴァンニ・アンネッリ上院議員が設けた国際賞の第一回の受賞記念講演として、一九八八年二月になされたもので、題名は「理想の追求」です。これは現代の世界を捉える場合に重要な論点を含んでいて、私には大変意味深く思えます。バーリンの考え方は、私なりの限られた理解の範囲ではありますが、まことに正鵠《せいこく》を射ていると思います。この本を書くに際しても、「理想の追求」という論考の影響を強く感じています。この「理想の追求」は決して長い論文ではありません。そこで、この論文におけるバーリンの考え方をたどりながら、私の感想も加えて、その提起する問題を検討してみましょう。

バーリンはまず、二〇世紀の人間と社会に非常に大きな影響を及ぼした二つの要因があると述べています。

一つは自然科学と技術の発展です。これは二〇世紀において、人類の歴史上かつてない飛躍的な発達を見た領域です。科学・技術と一言で言われる領域においては、一々解説する必要がないくらいに重要な発見があり、私たちはその恩恵にあずかって生活を享受しています。大量破壊兵器の開発といった否定的な面もあることは忘れてはなりませんが、飛行機や情報技術、マス・メディアの発達から、植物の大規模な生育、食糧の大量生産まで、現代の人間の生活の大部分は、科学技術の発展がなければ考えられない状況になっています。バーリンが言うように、自然科学と技術の発展が二〇世紀の人類史を形成するうえで他の何ものにも増して大きな影響を及ぼした要因の一つであるということは、私たちにも日常的に、身近にわかることです。

バーリンは、もう一つは「全人類の生き方を一変させてきたイデオロギーの大嵐という要因である」と言うのです。一九一〇年代の終わりに起こったロシア革命、一九四〇年代末に起こった中国革命、こうした二つの大きな革命が世界の大国で起こり、これが二〇世紀に及ぼした影響は非常に大きいものでした。それと同じように、ファシズムの激風もありました。二つの要因のうち、バーリンは特に「イデオロギーの大嵐」について、その現代に与える問題点を明らかにしようとします。論文の引用を交えながら、見ていきましょう。

バーリンは、「二一、三世紀後(もし人類がそれまで生存したとしてのことだが)のわれわれの子孫が現代を見た時、この二つの現象が今世紀のもっとも際立った特徴、もっとも強く説明と分析が求められる点になるのではないか」と言い、「しかし、この二つの大きな運動が人々の頭の中の観念——人々の間の関係が何であったか、現在はどうか、それはどのようなものになり得るか、またどのようなものであるべきかについての観念から始まったということを知っておくべきであろう。また、そのような観念が指導者たち、とりわけ背後に軍事力を有している予言者たちの念頭にある窮極の目標の名においていかに変貌を遂げることになったかを知っておくべきであろう」と述べます。

そして、「われわれの生きている世界、このしばしば暴力的になりがちな世界を理解したいと思うならば(それを理解しようとしないならば、その世界の中で合理的に行動し、かつその世界に合理的に働きかけていくことはとても望めないであろう)、われわれに働きかけてくる大きな物的な力——自然の力、人工の力の両方がある——だけに関心を限る訳にはいかない。人間の行動の指針となる目標と動機を、われわれの知りかつ理解しているすべてのものとの関連で見ていかなければならない。そのような目標と動機の根元とそこから派生したもの、その本質、とりわけその妥当性の一切を、われわれの有しているすべての知的能力を用いて批判的に検討しなければならない」と言います。そしてさらに、「自分はどこから来たのか、今いるところにどうしてやってきたのか、いったいどこへ行こうとしているのか、そこへ行きたいと思っているのかどうか、もしそう思っているなら、あるいは逆にそう思っていないとしたら何故なのか——このような問題について知りたいと思わないのは野蛮人だけである」と主張します。

これは新世紀の初めに生きる私たちにとっても、まことに重要かつ本質的な問題であると思います。しかし、こうした問いが衷心から発せられるのは、一般の、いわゆる「先進国」社会ではないのではないでしょうか。そこに難問が存在します。

## イデオロギーによる圧制

ところで、ロシア革命や中国革命、特にロシア革命の姿がだんだん明らかになってくるにつれ、それはスターリン主義、全体主義的な専制であり、社会体制、政治体制として人間性を抑圧するような面も露わになりました。また経済的な体制としても自由な発展を抑えたことにより、あるいはそれを阻んだことにより、ソビエト・ロシアは一九八〇年代の終わりから九〇年代の初めにかけて政治・社会体制の崩壊を見たわけです。

一方、ファシズムはナチズムのような極端なものをもたらしました。これも国家社会主義ですから、一種の社会主義的な志向性を持っていたと言ってよいものだと思います。そして、自民族中心主義、異民族排斥主義がそこから激しく出てきて、異民族（ユダヤ人）抹殺政策までが実行されました。

これはイデオロギーが政治的、経済的、社会的に影響をふるった挙句に起こされた結果です。不幸にして現代の革命が、理念はよくても結果として全体主義的な専制を生み出し、あるいは国家社会主義のように人種主義や自民族中心主義といった弊害をもたらしたことは否定できません。また宗教的な全体主義も、原理主義と呼ばれ、ときにはテロ活動を生み出します。

バーリンは、イデオロギーは人間の理想を鼓舞する一方、人間性をおとしめたり抑圧したりする、この問題については、一九世紀の最も鋭い社会思想家でさえ誰一人として予言していないと述べています。近代思想の中で、社会改革のイデオロギーは常にプラスの方向、よいものであると捉えられていました。それはフランス革命以来、人間の理想の追求の一環として捉えられてきたからだと言えるでしょう。

ただ、二〇世紀を振り返ってみますと、理想主義に貫かれたイデオロギーのもたらしたものは、結果的に反人間的な行いであり、価値の混乱であり、ナチズムに象徴されるように人類の一体化よりはむしろ人類の分断であり、抑圧であったと言えます。これは大変不幸なことだったと思います。

では現在、こうした問題をどう捉えたらよいのかということです。私は現代の日本社会にいながら世界のあり方を見ていると、日本の社会においては経済発展がまず中心にあったことに気づかされます。特に一九四五年以来の日本の社会的な発展は、イデオロギー的な発展というよりはむしろ経済発展、開発がすべての価値を集約していました。そこには、どういう社会をつくったら日本人は幸福になるのか、ひいては世界は幸福になるのか、人類は幸福になるのかという理想の追求は、ほとんど無いも同然でした。

特に一九九〇年代にバブル経済が崩壊して、経済的な低迷時代に陥り、社会にさまざまな自信のなさが表れている現在、この社会が追求すべき理想といったものがあまりにも希薄であることに、一方では不安を抱かざるをえません。先に引いたバーリンの言葉ではありませんが、実際、人間はいかにあるべきか、何をなすべきかという信念が、はっきり議論されないのが現代日本社会でもあって、そういう点では戦後日本はイデオロギーというものにあまり影響を受けなかった社会ではないかと思います。

前に述べたように、「神の祝福する国民あるいは国であるアメリカ」と言うブッシュ大統領、あるいは「神はわれわれを守る、神のために闘う」というイスラム的な信条を国家の支柱にするイラクの指導者たちの言動は、現代の日本の政治家も含め一般の社会にはほとんど出てこない主張であり、思想です。常に「神」に言及する彼らと比較するのは極端すぎるかもしれませんが、理想の追求はもっと大事にすべきものであり、何を理想にするかという議論がもっと出てもいいと、私個人は感じているわけです。もちろん、第二次大戦終了までの日本は、やはり「神国日本」のイデオロギーを強固に展開していたことを忘れるわけにはいきません。

### 科学技術発展の明暗

二〇世紀の世界を見ると、科学技術の発展も、理想の追求を示すものです。ただ、一方では核兵器、大量破壊兵器といった大量殺戮をもたらすような科学技術の追求があり、一方ではわれわれのコミュニケーションや人間生活を豊かにするようなさまざまな科学技術の発達があります。それをどういうかたちで使っていくかは、まさに理想の追求の問題にかかわってきます。

戦前・戦中の日本のような、軍国思想に凝り固まった軍事・政治指導者中心の国家は人類全体にとって好ましくない、あるいは有害であるという理由を掲げ、そうした政治指導者たちを取り除き、政治と国家を「正常化」するために原爆の使用が正当化される。それによって広島、長崎の無辜の民の原爆投下による大量虐殺が行われた歴史もあります。

このように、場合によっては〝正当な理由〟を与えられて、科学技術の発展をもとにした大量殺戮も平気で行われます。しかし、それを招いた軍事・政治指導者は悪いとしても、一般の人たちは、指導者の命令に従ったとはいえ決して彼らと同じではないわけですから、大変な惨状を経験し、言語に絶する被害を一方的に受けたと言わざるをえません。今日でも、アメリカ軍やイギリス軍がイラクを攻撃するときの論理にも〝正当な理由〟づけがなされますが、イラクの一般の市民にとっては単に破壊され殺戮されるという野蛮な行為としか映らないという面があります。

## 答えを一つだけに求めると

バーリンの言葉に触発されて、つい現代の日本や最近の事件にまで議論を広げてしまいました。彼の説くところに戻りましょう。

バーリンは年少のころ読んだトルストイの小説『戦争と平和』に影響を受けたと述べています。この小説の真の迫力を感得したのはもっと後になってからだと言いますが、そこに表れた一種の理想や、人間が醜く争ったり、エゴイズムや道徳的な無理解や残酷さなどを示したりすることへの苦々しい怒り、絶望といったものについても、感銘を受けたというのです。トルストイから始まって、その他の文学者、またルソーのような思想家からも影響を受けたとのことですが、いろいろな思想に接していくうちに、彼はあることに気づいたと言います。

それは、近代思想にいたるヨーロッパ思想が、人間にとって、たとえいろいろな困難とさまざまな問題があったとしても、その中核的な問題については解決が存在しており、人間はそれを発見できるし、充分に献身的な努力をもってすればそれを地上で実現できると主張していることであった、とバーリンは述べています。いまはいろいろな問題も矛盾もあるが、そこには絶対に一つの共通の解決がある。それは最終的には発見できるものである。イデオロギーにしても思想にしても、そうした理想の追求のために使っていかなければならない、という考え方です。つまり、問題の解決は必ずどこかにあって、それは、一つには科学技術の発達によって世界が合理化できる、もう一つには最終的には神の権威によってそれを行うことができる、というものでした。

バーリンは、オクスフォード大学の学生になって、大哲学者たちの著作に親しく接するようになると、こうした思想はプラトン的な観念を共有していることに気づきます。そこには次のような三つの特質が見出されました。

「第一に、すべての真の問題には科学におけるのと同じくそれぞれ一つの真の答、ただ一つの答があり、他のすべての答は必然的に誤りであるという観念である。第二に、これらの真の答を発見するための信頼できる道がある筈だという観念である」。世界には、一つの絶対的な答えを得るための確実な方法あるいは確実な道があるはずだ、という観念です。

「第三には、これらの真の答が見出されたならば、それは必然的に互いに両立でき、一つの真理がもう一つの真理と両立可能であるならば、これらの真の答は一つの全体を形成している筈であり、このことは経験以前のものとして判っているという観念であった。このようないわば全知の観念が、宇宙的なジグソウ・パズルの解決策だったのである。道徳の場合については、宇宙を支配する法則の正しい理解にもとづけば、何が完全な人生でなければならないかを認識できると考えられていたのである」。これをプラトン的な解決というわけですが、こうした考え方はヨーロッパの思想を貫く大きな道筋であって、現在でもそれを信じている人はたくさんいます。

もちろん近代においては、一九世紀のヘーゲルやマルクスのような歴史を重視する見方、つまり「時間を越えた真理などはない。歴史的な発展、継続的な変化があり、人間の視界はこの進化の梯子《はしご》の上で一歩登るごとに変化する」という考え方も出てきました。ただ、こうした人間と社会が進歩するという理念や思想も、最終的には一切の問題の解決をもたらす状態にたどりつける、すなわち、共産主義の社会が実現すれば人間の持っているあらゆる矛盾は解決されて幸福になるという信念を基盤にしていました。

## マキアヴェッリとヴィーコの思想

そうした見方が二〇世紀の「イデオロギーの大嵐」に至る一つの大きな流れですが、同時にバーリンは、必ずしもこのように幸福を捉えないヨーロッパの思想家が存在していることにも気づきます。その一人はフィレンツェの政治思想家、マキアヴェッリでした。

バーリンの引くマキアヴェッリによると、彼は共和政期ローマや帝政初期のローマを人間の社会と国家の理想型と考え、その再現を期することは可能であると考えていました。ローマは勇敢で機略に富み、知的で才能のある人々からなる支配階級と、他方で充分な保護を受け、愛国的で自国を誇りにする市民、男らしい異教的な美徳を体現した人々がいたからこそ、強大になり世界を征服できた。しかし、「キリスト教的な美徳の観念——謙虚さ、苦難の受容、世俗離れ、死後の救済への願望など」が入ってくるにつれ、ローマ的な美徳の観念が変わってきて、その結果、共和政期ローマや帝政初期のローマといったマキアヴェッリにとっての理想的な社会、国家は崩壊してしまいました。

ローマ的な美徳とキリスト教的な美徳は決して両立しない価値である、その二つを結びつけることは不可能であるとマキアヴェッリは指摘していて、この観点から見ると、プラトン的な観念、つまり「問題解決のための真の答えは必ず見つかる、それは一つである」というのとは違って、真の答えは少なくとも二つあるということになります。バーリンにとっては、マキアヴェッリは違った世界を切り拓く思想家であったことになります。

また近年、文化人類学的思考の一つの起源とも考えられるヨーロッパの思想家に、ジャンバッティスタ・ヴィーコという一七世紀から一八世紀にかけての人がいます。私の専門である文化人類学にも関係がある思想家ですが、ヴィーコは『新しい学』という著書などで知られています。バーリンの若いころにはイギリスではほとんど知られていなかった思想家だそうですが、バーリンはヴィーコに巡り合い、彼の思想に非常に大きな影響を受けたと言っています。ヴィーコは、バーリンの影響もあって最近では社会思想や文化研究の中でも取り上げられますが、人間社会のさまざまな文化の継起関係に関心を抱いていた思想家だと考えられています。

バーリンによると、ヴィーコは、「すべての社会は現実にたいするそれぞれの見方、その社会が生きている世界についての見方、その社会自身についての見方、そして自らの過去にたいする関係、自然との関係、自らの追求しているものにたいする関係についての見方を持っていた」。そうした見方というのは社会観を指していますが、「このような社会観は、その成員がすること、考えること、感じることのすべてによって伝えられる」。それはその社会の成員の用いる「単語、言語の形式、イメージ、暗喩、礼拝の形式、そこから生まれる制度の中で表現され、かつ体現されている。それが彼らの現実観、その現実の中での彼らの地位についての見方を体現し、伝えていく。それによって彼らは生きていくので」あり、そして、重要なことは「これらの見方は、時々に出現してくるそれぞれの社会全体によって違っている。それぞれの社会が、他の社会と同じ基準では比較できないそれ自身の才能、価値、創造の様式を有している」ことです。そうした社会の違いは、「それぞれの基準によって理解しなければならない」としたうえで、ヴィーコはさらに、「理解することは、必ずしも評価することではない」という、大切な指摘もしています。

バーリンは、「ヴィーコの言うには、ホメロスの描くギリシャ人、つまり当時の支配階級は残酷で野蛮でケチで、弱者にたいして抑圧的であった。それでも彼らは、イリアッドとオデッセイを創造した。もっと文明開化した今日のわれわれにもできないことである」と述べています。そのあとに発展したヨーロッパ人は、イリアッドやオデッセイを創造しておらず、「このような偉大で創造的な傑作は彼らだけのものであり、ひとたび世界の見方が変化すると、そのような型の創造の可能性も消滅してしまうのである」。その限りで「われわれには科学があり、現代の思想家、詩人がいるが、古代から現代に登ってくる梯子段がある訳ではない」とバーリンは言います。たしかに、いまでもベートーヴェンを凌駕するような音楽家は出ていない。ただベートーヴェンが絶対というわけではなく、ベートーヴェンの優秀さがあり、また現代の作曲家の優秀さもある。それはそれぞれ違った方向で、芸術的価値を形成し、どちらがいいとか悪いという問題ではないのです。

ヴィーコは、われわれ人類学者が見る文化のあり方とほとんど同じことを述べてもいるのですが、「さまざまな文化の価値は違っており、それらの価値は必ずしも両立しない」という指摘は本当に大切なことだと思います。つまり、この世界にはいろいろな価値のある文化があり社会がある、あるいはいろいろな社会観を持った人々が生きているのだ、という認識です。ですから、ヴィーコは、いまこの本で問題にしている言葉で言えば、「文化の多様性」をヨーロッパの思想家の中で初めて社会思想の言説として表明したと言えるかと思います。「ヴィーコにとって文化は複数に存在しており、それぞれに独自のパターンを有していた」。これは文化人類学者の考え方に非常に近いものです。

さらにバーリンは、「マキアヴェッリは、二つの両立不可能な世界観という観念を打ち出した。ここには二つの社会があり、それぞれの文化は異なった価値——目的にたいする手段としての価値ではなく、窮極の目的、目的それ自身としての価値――で形成されている。その価値はすべてが人間的な価値であるから、あらゆる点で異なっている訳ではないが、しかし深く和解不可能な形態で異なっており、何らかの最終的な綜合の中に結合できないようになっている、というのである」と述べます。

マキアヴェッリもヴィーコも、それまでのプラトン的な観念とは違って、最終的な人類の目的や目的を達成するための解答は一つではないと主張しています。少なくともマキアヴェッリにとっては二つの統一しがたい価値が、古代ローマにはじまるヨーロッパの歴史に即して見られるし、ヴィーコは世界にはさまざまな文化があり、各々独自の文化の価値があると言っています。バーリンは、プラトン的な思想に対するもう一つのヨーロッパ思想の系統である「文化の多様性」を説く思想があることを認識し、次第にそちらを中心として自分の思想の形成を考えるようになったというのです。

### 文化相対主義

バーリンはその後、ヘルダーというドイツの思想家にも同じような考えがあることに気づきます。バーリンの言葉で言えば、「人々が暮し、考え、感じ、お互いに話し合うそのやり方、彼らの着ている衣服、彼らのうたう歌、彼らの礼拝する神、彼らの食べる食物、彼らに固有の仮定・風俗・習慣」といった個々の社会の特徴を創り出すもの、それがヘルダーの言う「社会の重心」という考え方であり、そこから「それぞれの社会はそれ自身の「ライフ・スタイル」を有しているのである」という見解が出てきます。

人間の社会は多くの点で似ているのは事実でしょう。日本からアジア、ヨーロッパ、ロシア、アメリカなどにわたってさまざまな社会を訪れた私の経験からも、それは言えると思います。消極的に見て、アイロニー的表現をするならば、少なくとも人類の社会はサルやほかの動物の社会と比べれば似ていることになるわけですが、「しかしギリシャ人はルター派のドイツ人とは違っており、中国人はその双方とも違っている。彼らがそれぞれに目指しているもの、恐れたり礼拝したりしているものは、およそ似ていないのである」ということも事実にちがいありません。人間の基本的な生の営み、たとえば家族をつくり社会の規律を守るようなところは似ていても、その実際の表現は非常に違うことが多いのです。その差異を認めなくてはならないという考え方がここで説かれているわけで、それは平凡なことのようで、実は大きな真実を含んでいます。

バーリンは「このような見方は、文化的ないし道徳的相対主義と呼ばれている」と言います。ヴィーコやマキアヴェッリ、ヘルダーといった人たちは、のちに文化人類学で文化相対主義といわれるようになった問題を、社会思想の問題として理解していた、あるいは主張したと言うことができるでしょう。

ごく大まかに自分の受けた思想的影響を、プラトン的な思考からヴィーコ的な思考へという流れでたどり、「真理は一つ」から「真理は複数」へと至る形での世界と事物についての認識を彼は得ました。それこそ「理想の追求」論が出てきた背景をなすことでした。しかし、バーリンは相対主義に対して、このように言っています。「私はコーヒーが好き、あなたはシャンペーンが好き、二人の好みは違っており、それだけのことだ」。これが相対主義であると言って、しかし、ヘルダーの見方やヴィーコの見方はそうではない、それを多元主義（プルーラリズム）と呼びたいとバーリンは主張します。

多元主義とは、「人の求める目的は数多く、かつ多様であるが、人々はそれぞれ充分に合理的でかつ人間的であり、お互いに理解し共感し学び合うことができるという考え方である」。どんなに文化が違い、社会が異なっても、人間は互いに基本的な理解可能性の中に生きている。たとえば、ユダヤ系イギリス人であり、オクスフォードに住むバーリンが、古代ギリシアのプラトンを学び理解し、また中世日本の小説に感動することができるのは、こうした人間の基本的性質があるからだ、ということになります。

古代ギリシアや中世の日本の文物は、現代ヨーロッパのバーリンにとっては非常に遠く離れた世界であり、また世界観や人間観です。そこに人間として「共通な何らかの価値がなければ、それぞれの文明は外からは入れないそれ自身の風船のようなものの中に封じ込められ、われわれはまったく理解できないであろう」。でも、現実にはそれから感銘を受けることができる。またたしかに、日本人である私たちは、プラトンやシェイクスピア、カント、それこそアイザイア・バーリンの書いたものにも、共通するものを感じ、またそれを理解し、感銘を受けることができます。

先に触れましたが、文化人類学においても世界を捉える場合の一つの大きな見方としてある文化相対主義という考え方について、一言加えておきたい点があります。それはバーリンが言うような、単に「私はコーヒーが好き、あなたはシャンペーンが好き、二人の好みは違っており、それだけのことだ」ということではありません。世界にはさまざまな多様な文化がありますが、その価値はそれぞれの文化の中に宿っている。一〇億人を超える中国人の文化であれ、太平洋地域に住む三〇〇〇人から一万人ぐらいしかいないような一つの民族の文化であれ、文化という点では同じく存在するものであり、それぞれの価値があるのだということを、文化相対主義は主張しました。特に一九三〇年代のアメリカの文化人類学者を中心に、こうした見方が文化人類学の中心的な思想になりました。それはレイシズム(人種差別主義)や、西洋文化を頂点として世界の他の文化を段階的に下位に位置づける「文化発展説」などに対する、大きな批判となりました。人類学者が自ら世界各地で調査研究した成果とその経験に立った理論であったがゆえに、説得力を持つものでした。

それはいま、グローバル化と呼ばれる現象とも関係があります。一六世紀以来の近代世界において、西欧化から近代化へと展開されてきた変化の中で、どちらかというと西欧近代的な、あるいはアメリカ的な価値やものの見方が優先され、世界のさまざまな小さな民族が持つ文化が否定される、あるいは弱小の文化は存在しなくなってもいい、という風潮がありました。それに対して、いろいろな文化の中で生きている人たちにはそれぞれに持っている価値があり、それは尊重しなくてはいけないという主張がなされたのです。ですから、「私はコーヒーが好き、あなたはシャンペーンが好き、二人の好みは違っている」というだけではなく、そこにはもっと本質的な人間の生き方と価値の発見と評価という問題があったのです。

しかも、近代世界においては、地球上の多くの人々の間では、私はコーヒーが好き、あなたはシャンペーンが好きと主張することが許されなかったわけです。自分たちが祖先以来の土地で、昔から飲んでいるパパイアからつくったジュースが好きでも、ヨーロッパの基準から見れば、それは近代的な飲み物ではない、野蛮な飲み物である。だから君たちはシャンペーンを飲みたまえ、コーヒーを飲まなくてはいけない、ティータイムをつくらなくてはいけないと強制される。そうした世界の動きの中で、自分たちの好きなものは好きと言うことに意味があると主張するのが文化相対主義ですから、この点に関してはバーリンのように簡単に片づけることはできません。

ただ、このあとの議論にも関係しますが、相対主義はともすれば、自分たちがやってきたこと、あるいは自分たちの文化が持っている価値が、絶対であるという主張にもなってしまいます。もっとも文化相対主義は、先にも述べたように、アメリカにおける人種主義や人種差別、あるいは近代におけるヨーロッパ文化絶対主義、つまりヨーロッパ文化が人類で一番発達した文化であるという見方に対する批判的反省の中から学問的な形で出てきたものであります。このことは深く認識される必要があると思います。その点が、私がバーリンに対してそう簡単に賛同できないと思うところですが、このことに留意したうえでバーリンが言う多元主義は非常に重要です。相対主義が陥る罠は、あらゆる価値は相対的である、絶対的価値がない、と唱えること自体には意味があっても、同時に相対的であれば何を主張してもいいのか、という点にあります。

### 相対主義の限界

いくら文化が違うといっても、理由なき「殺人」は許されることはないし、理由があってもその理由は文化の違いに還元できる性質のものではないはずです。スターリンによる大量虐殺やナチスによるホロコーストを、文化相対主義の名の下に弁護することはできません。人間の生命の尊重を第一とする基本的な立場から見れば、そういうことが許されるはずはなく、そこは文化相対主義で片づけるわけにはいきません。

人間が悲惨な状態に置かれ抑圧されていれば、人類共通の問題として批判し、そうした状況の改善に向かう必要があることは、言うまでもないことです。ですから、世界を見るとき、文化相対主義だけでは不充分なことをよく認め、そのうえで、文化多元主義を主張することが必要です。基本的には、人間がお互いに理解し共感し学び合うことを通して、人間にとってより適切な生き方を考える方向として、文化多元主義を基本に、しかも文化の相対的な違いを尊重するという方向に捉えるべきだと思います。

バーリンの論文は、私にとっては逐語的に繰り返したいような重要な言葉に満ちているのですが、そこで一つ考えなくてはいけないのは、表題の「理想の追求」という問題です。

これまでの政治的な価値、あるいは社会の理想的な方向性としての「理想の追求」は、何を意味したのか。二〇世紀の世界を見ても、スターリンに代表される社会主義的な方向、あるいはヒトラーに代表されるナチズム的な方向も、一つの社会や政治思想が持つ「理想の追求」であったわけです。その「理想の追求」に全社会が応じて一体化しなくてはならないという強力な政治指導者の主張によってもたらされたものは、結局、人間性の抑圧や他民族の殺戮、そして悲惨な戦争でした。

人間が追求すべき理想、また追求すべき理念があることを前提にして、よいことすべてが共存しているような完全な全体の実現を目指すことが究極の解決であるという観念は、それ自体に矛盾を潜めている、あるいは破綻しているということを、バーリンは二〇世紀の経験からも主張しています。一番おぞましい記憶として、ナチスが実行したユダヤ人あるいは非アーリア系人種の絶滅計画があり、アウシュヴィッツなどの強制収容所で集団殺戮をすることが「究極の解決」と呼ばれたことは有名ですが、そうした極端な例でなくとも、「究極の解決」は私たちの人間社会ではありえないと考えなくてはいけない、と彼は言います。

人間社会においては、それぞれの社会や国家や民族を貫く共通の偉大なる善（Great

Goods)は、実際には存在しないのではないか。バーリンは、「偉大なる善のうちのいくつかは、共存しえないだろう。このことは概念上の真理なのである。われわれは選ばねばならぬという運命にある。そしてすべての選択は、取り返しのつかない損失を招くかもしれない」と言っています。実際、ナチスの主張する「偉大なる善」に従った人たちの選択は、「取り返しのつかない損失」を招きました。

バーリンはまた、「規律を疑いをかけずに承認し、そのもとで暮している人々、精神的指導者か世俗の指導者かは問わず、指導者の命令に進んで服従し、その言葉を全面的に破るべからざる法則として認めている人々、あるいは自らの方法によって何をなすべきか、何であるべきかについて何の疑いも容れない明確で揺ぎのない確信に到達した人々――こういう人々は幸せである」とも言います。

しかし、こういう人たちは、「私に言えることとは、次のことだけである。独断のこのような安らぎのベッドにいこえる人々は、自分から近視眼にかかっており、自己満足はできても人間的であるとは何のことかについては理解できないであろうと」。しかも、「こういう人々」の「理想の追求」の結果、その外部にいる人たちに多大の損失がかかり、暴虐と悲惨が訪れてしまうということを忘れてはなりません。「独善」主義ほど他人にとって迷惑なことはないし、それがスターリンのソビエトやヒトラーのドイツのような場合、およそ人間の悲惨はその限度を知らないことにもなるのです。

これはオウム真理教の麻原彰晃に従った人々の結末を見ても、あるいはサダム・フセインの言う「神の力」に従った人々の結果を見ても、同じでしょう。こういう悲惨な事態が発生するのは、人々がある種の非常に困難な状況に置かれていて、それを解決するために一つの方向しかないと思ったときに陥る罠でもあります。近代日本の経験を忘れるわけにはいきません。

## 解決の方法は一つではない

バーリンが「理想の追求」で主張していることは、われわれ人間の問題に対して、一つの解決方法しかない、それが「究極の解決」であると思い込むこと、あるいはそういう見方や思想を信じること自体が反人間的な行為であって、そういう面での「理想の追求」に対しては、注意深く冷静に批判的にならなければいけないということです。

個人一人が幸福になっても他人はそうはならないし、自分はこれが正しいと思ってもほかの人は必ずしもそうは思わない。人間と社会にはいろいろな選択肢があって、それを調整することに意味はあっても、一つの解決だけをある個人が他人に押しつけることは非常に大きな弊害を招くということは、いくら言っても言い足りないことではないかとさえ感じます。

ところで、こういうふうに論じてきて、バーリンは自分の結論はこうであると言っています。「最終的解決という観念そのものはたんに実践不可能というだけではない。いくつかの価値は衝突せざるを得ないという私の考えが正しいとすれば、それは矛盾してもいるのである」。いろいろな価値があり、必ずしも価値は統合できないというのが人間の現実であるとすれば、「最終的価値」というのはそれ自体が矛盾している主張であることになります。

「最終的解決の可能性は幻想であり、しかもきわめて危険な幻想であることが明らかになるであろう。というのは、もしそのような解決が可能だと本当に信じるなら、それを得るためにいかなる犠牲を払っても惜しくはない筈ということになるからである」。人類を永遠に公正で幸福な、創造的で調和的なものにするためには、いかなる代償を払っても決して高すぎることはないという主張は、現実にそれが実行されたとき、非常に間違った危険な結果をもたらします。スターリンもヒトラーも、ポル・ポトも、麻原彰晃も、独裁的で全体主義的な指導者や宗教家は皆そう信じ、そう主張したと言えましょう。その結果が大きな災いをもたらしたのは、いまや衆知の事実です。

私は、人間社会に「理想の追求」は必要であると思います。ただ、「理想の追求」が複数でありうるということを、もっと認識すべきです。それには「文化の多様性」を尊重するということが価値の問題として付随します。バーリンはそこまでは言っていませんが、グローバル化が進展する今日の世界の状況では、さまざまな価値や原則にどこかでお互いに折り合いをつけながら、共存する方向を何よりも優先させていくという問題が重要になってきています。一つの解決しかない、それに全部従えという方向は、それがたとえ民主主義という方向であっても、時として非常に危険な結果を招く可能性があることについて、もっとはっきり認識し、注意深く対処する必要があると思うのです。

## より調和的な世界

バーリンのような文化多元主義的な見方は、人類として生きていく基本的なレベルでお互いに理解できることをよく確かめ、それを尊重し合い、そのうえで価値観の違いに調和を持たせることを促しています。しかし、それは人類全体にとって同じ物事の解決法があるということではなく、人間がそれぞれに文化として発達させた価値は多様であって、その多様な価値をそれぞれ尊重しながら、何が共通の認識であるかということを、人間のより調和的な世界を達成するために考えていくという姿勢が、その基礎になります。この見方は「文明の衝突」論の対極にあると言ってよいでしょう。「文化・文明の衝突」を問題にすること自体は、まさに重要なことですが、世界を「文明の衝突」状況として捉えることは、強大な文明に属することからくる、反人間的で「自民族中心主義」的な見方と言えるかと思います。

バーリンがよく引用する言葉に、カントの「人間性という歪んだ材木からは、真直ぐなものはかつて何も作られなかった」という言葉があります。二〇世紀のように合理化が進み、科学技術が発達した世界にあっても、人間性の歪んだ現象が最大限と言ってよいくらい現れました。人類の最も残酷な行為、最も大きな悲劇は二〇世紀に生まれているのです。それは原爆であり、ナチスの「究極の解決」であり、世界戦争ですが、新世紀の現在にいたっても世界にはいろいろな紛争や衝突が続き、局所的ではあっても、戦争も決してなくなってはいません。

私たちは、この世界が「多文化世界」であること、それをよく認め合うことに生きる条件があるということをきちんと認めたうえで、それぞれ国も地域も文化も異なるところに生きる人間の共通項を探っていく努力を、もっと本気になってする時代が来たと思います。これまでの西欧化、近代化、グローバル化という変化の流れの中では、とかく「多文化世界」であるという事実が忘れられ、多様な「文化の魅力」は追求されることが少なく、一つの思想や主義・主張、あるいは一つの神や信仰によって世界を一様化しようという動きが非常に強かったわけです。それは「西欧モデル」による「脱亜入欧」という形にもなりましたし、「近代化モデル」の追求という新興国家の発展志向にもなりましたし、いろいろな形での宗教原理主義や過激主義ともなって現れました。

しかしいま、数多《あまた》の悲惨な出来事や取り返しのつかない損失を見てきたところから、この世界の今後を考えるならば、「異文化理解」を通して「多文化世界」を擁護し、「文化の力」を見つめ直すことを通したその実現を目指し、人間が共に生きていくうえでの共通項を探ることこそ、二一世紀の世界の平和と繁栄の条件ではないでしょうか。グローバル化の中での調和した世界というものがもし可能であるとすれば、それは「多文化世界」の認識を土台にしたものであろうと思います。このことを次章で深く考えていきたいと思います。

ここまで、バーリンの「理想の追求」という論文を紹介してきたのは、そこに示されたバーリンの人間と世界に対する見方が非常に貴重なものであると思うからです。そして、私なりの限られた形であったとしても、こうしてバーリンと思想を共有しながら、私なりに彼とは違った文化圏から発信したいと願うからなのです。

# 第2章　文化の力

(右)「ソフト・パワー」論を展開するジョゼフ・ナイ．「文化」と「力」をめぐる議論はどのように深められるべきか．
(左)歩行者でにぎわう上海の南京路．都市の魅力は，新しさとともに文化の継承が影響する．

## 1　ソフト・パワーの時代とは

### 「力＝パワー」の行使

繰り返し触れましたが、二〇〇一年九月に同時多発テロ事件が起こり、その後、アフガニスタンの「掃討作戦」があり、そして二〇〇三年にはイラク戦争が起こりました。その他にも自爆テロをはじめ、過激な殺戮・破壊行為が現代の世界では絶えません。こうしてみると、軍事力が世界の動向を大きく左右しています。しかし、アメリカの超軍事力パワーをめぐっても、その行使については議論がさまざまに行われ、世界の人々の心に多くの疑問が生まれていると思います。

軍事力をもって世界を制するという考え方は、どう見ても新世紀にはふさわしくありません。新しい時代には、さまざまなかたちで国家や地域や社会が協力しあいながら、一つのグローバルな世界をつくっていくことが期待されています。実際、グローバル化によって、かつてなく世界のさまざまな社会や国の相互依存が緊密になったという指摘もされています。相互依存が緊密になっていくにつれて、世界は一つの力あるいは軍事力では動かせないような時代になりつつあることも事実です。

そこで、「多文化世界」を考える場合に、パワーの行使においても、新しい別の角度からの見方をする必要に迫られているのではないでしょうか。その点で、国際政治における問題に関して近年提起された「ソフト・パワー」という考え方は非常に重要です。

「ソフト・パワー」論とは、国際政治学者として大変著名なジョゼフ・S・ナイ・Jrによって提起され、大きな議論を呼び起こしたものです。ナイは、現在アメリカのハーバード大学ケネディ行政学院の院長をしていますが、一九九八年に発表した論文で、この問題を扱いました。

## ハード・パワーとソフト・パワー

まずジョゼフ・ナイがどういうことを言おうとしているのか、彼と同僚R・コヘインによる論文に即して、問題点を見てみたいと思います。

この論文は、"Power and Interdependence in the Information Age"(情報化時代におけ

るパワーと相互依存)が原題で、『フォーリン・アフェアーズ』というアメリカを代表する外交誌に発表されました。邦題は「情報化時代のソフト・パワーを検証する」というもので、これも内容に即したいいタイトルになっています。

パワーは日本では力、権力など、いろいろな訳がありますが、ナイたち(以下、ナイと略記します)はまずパワーとは何なのかと問います。基本的にパワーは、「態度・行動が醸しだすパワー」、すなわち態度や行動によって相手を説得したり、相手に影響を与えたりするようなパワーと、「資源の保有に派生するパワー」との二つに区別できるだろうと言っています。資源の保有というのは、たとえば、大きな財産や種々の利権を持つ個人や集団が、周囲の人たちや社会・政治にまでいろいろな影響を与える、また社会や国をも動かす影響力を持つことや、あるいは石油のような自然のエネルギー資源を持っているだけで国や指導者が世界に影響を与えるというようなことを意味します。

態度・行動が醸しだすパワーは、自分が望む結果を得るための行動能力であって、そうした行動能力がなければパワーは出てこないとも言えますから、行動によって影響を与えることができる国家や社会や個人のパワーということになります。資源の保有に派生するパワーは、通常、自ら望む結果を得るための目的に沿った資源を所有していることを意味します。

オイル・パワーと呼ばれることがありますが、エネルギーは世界中が欲していますから、石油＝オイルが資源としてあり、それを効果的に生産し販売することができれば、パワーとして用いて自分たちの経済的な目標、あるいは政治的な目標を達成できることになります。財産がある、資源があるということから生じる「金持ち」のパワーは誰にも明らかなことですが、国際政治や国際経済における問題として、態度・行動を通したパワーとはどういうことなのか、とナイは問い、そこには二つのパワーがあると指摘しています。それはハード・パワーとソフト・パワーです。

「ハード・パワーとは、強迫であれ報酬であれ、それがなければ人間が行わないような行動を強制する能力のことだ。経済的なアメであれ、軍事的なムチであれ、説得したり強制したりすることは、これまでも長い間パワーの中心的な要素であった」というわけです。

つまり、ハード・パワーというのは、他の勢力、敵対する国家あるいは競合する国家が自分の国や社会を撹乱《かくらん》しようとしたときに、毅然とした態度で応じる、脆さや弱さを見せない態度をとることで、その結果、「相互依存からくる制約からそれほどコストを払わずに逃れる能力は、重要なパワーの源泉」なのであるとします。つまり、ハード・パワーというのは、敵対したときに軍事力あるいは経済力というパワーを消費しなくても、それを持っているだけでいろいろな交渉事がスムーズにいくように仕向ける行動能力です。

ナイは、アメリカが一九七一年に金本位制度を離脱しながらも、国際通貨システムへの影響力を増大させたことを、いま述べたハード・パワーの例に挙げています。アメリカの国力が通貨システムの影響力の背後にあります。金本位制度から離脱して、ドルがその裏づけである金から離れたことで、ドルは紙切れに過ぎないという言い方をされたこともありますが、国際通貨システムではアメリカのドルが圧倒的に強く、世界の人はみんなドルを使いながら、経済生活をしています。経済学的には、金本位制度から離脱したということは危ういことにもなりますが、実際にはアメリカのハード・パワーがしっかりしているので、逆に影響力を増大させて、現在まで世界の取引の大部分はドル立てになっていますし、ドルの影響力は衰えていないと言えるわけです。

また一九七三年、アラブ諸国がＯＰＥＣに働きかけて、石油の減産や値上げを行い、世界を石油危機が襲いました。これは石油資源を背景としたハード・パワーによって、アラブ諸国が一時的に世界に対して影響力を強めた具体例であると考えられています。

つまり、パワーにはハード・パワーとソフト・パワーがあるが、ハード・パワーは経済力、軍事力あるいは技術力といった国力を背景に、当事者の行動能力によってさまざまな影響を与えることができるし、世界の動きをある程度操作することもできるパワーです。これは大変わかりやすいパワーについての態度であり、その行使であるでしょう。世間の常識と言ってもよいかと思います。

東アジアでも、ハード・パワーの問題は存在しています。北朝鮮が一定の発言力を持ち、日本を含めて世界の国々が説得しようとしても応じないのは、北朝鮮には軍事力、しかも核所有を示唆することによるパワーがあるからで、それがどのように使われるか、みんなが不安に思うがゆえに、その動静を慎重に見守らざるをえなくなるのです。中国も、インド、パキスタンも、そしてロシアも巨大な軍事力を持ち、核の保有という事実があります。中国などの影響力はそうしたハード・パワーを背景に生じていることも事実でしょう。現代日本を例にとれば、その発展する経済を背景にしたハード・パワーによって世界にそれなりの影響力を発揮してきましたし、戦前には軍事力も日本のハード・パワーの大きな源泉でした。

### ソフト・パワーの基底

こうした議論については誰もがうなずけると思いますが、ナイ論文の重要なところは、ソフト・パワーを論じていることです。ソフト・パワーとは何かといえば、「ソフト・パワーとは自らが望んでいることを、他の勢力が同様に希求することによって、好ましい結末を手にする能力のことだ」というのです。これは経済力や軍事力、技術力によって強制するよりも、自分が持つ魅力によって目的を達成することを意味しています。

「つまり、ソフト・パワーは、他の勢力が自分たちの立場に続くように説得するか、あるいは、好ましい行動を導くような規範や制度に合意させるという形で機能する」、そして、「ソフト・パワーは、一つの思想や文化が他者に訴えかける力を持つかどうかだけでなく、基準や制度を通してアジェンダ(課題)を設定する能力が、他の勢力に訴えかけるかどうかによって左右される」ということになります。

さらにナイは、「言い換えれば、それは、送り手が伝えようとする無料情報が説得力を持つかどうかに左右される。もしある国家が、他の諸国に自国のパワーが正当であると認識させることができ、しかも国際的制度を確立し、それを通じて他の国が自国の利益と両立できる形で国益を定義するようになれば、とかくコストのかさむ伝統的な経済、あるいは軍事的資源を浪費する必要もなくなるかもしれない」と述べています。

ところで、最近のアメリカのパワーについて考えてみますと、アメリカはイラク攻撃においても、スペインや日本などの支持を受け、イギリスと共同で軍事行動に入りました。そこにいたる過程で特に仏・独・ロ・中の反対と国連が行う決議を無視する、あるいは軽んずる、という態度をあえてとったのには、アメリカが持つソフト・パワーと関係があると思うのです。

どういうことかと言いますと、サダム・フセイン大統領のような独裁者の政治とブッシュ大統領の政治を比べれば、アメリカの政治と社会のあり方のほうが正しいだろう、と世界で受け取られているという想定です。つまり、第1章で見たようにブッシュ大統領が「神の国」アメリカを前面に出すことは外部のものにとっては理解の難しい問題でもありますが、アメリカ社会の自由と民主主義やその制度、また人権擁護の思想、あるいは社会と人間関係が醸しだすオープンな雰囲気、個人の能力を高く評価する見方、マス・メディアの力、ハリウッドやポピュラー・ミュージックにカジュアルなファッションといった文化などは、世界から見て好ましい。アメリカがやることは無謀かもしれないけれども、それをどこかで容認する、というところがあるのではないでしょうか。イラク攻撃について批判はあっても、アメリカだからできる、という評価も世界にあることは事実です。アメリカが単に巨大な、他の国にはない軍事力を持っているというだけではなく、アメリカという国と社会と文化が世界に示しているソフト・パワーが評価され、その政治的・軍事的な力の行使に対しても一定の理解を得るほど世界に大きな影響を与える、それがあるからこそブッシュ大統領はイラク攻撃を命じることができる、ということではないかと思います。この決断を多くの国々が支持したのも事実でしょう。

ハード・パワーである経済力、技術力、政治力、軍事力とソフト・パワーはもちろん関連しています。ハード・パワーを全く欠いて、ソフト・パワーが影響力を与えるかと言えば、それは難しいところです。しかし、関連はしているけれども、この二つは同じではないとナイは指摘しています。

「ある社会の物質的な成功が、その文化やイデオロギーを魅力的なものとし、一方で、経済的・軍事的失敗は自信喪失とアイデンティティ・クライシスを招くという政治学者サミュエル・ハンチントン(『文明の衝突』の著者)の指摘は正しい」としたうえで、「しかし、ソフト・パワーがハード・パワー基盤に完全に依存しているという彼の指摘は間違っている」と言います。

その例として、カトリックの総本山であるバチカンを挙げます。バチカンはローマの一部にある小さな宗教国家ですが、全世界の信者に対して非常に大きな影響力がありますから、地理的なサイズがかつてより小さくなったからといって、そのソフト・パワーが廃れることはないし、イラク問題でもローマ法王は反戦を訴えたという事実があります。バチカンはハード・パワーはほとんど何もありませんが、信仰を通したソフト・パワーで全世界に訴える。ローマ法王が何かを言えば、全世界のマス・メディアがそれを取り上げて報道する。それによって、バチカンの発言や主張が、世界の世論の一部を形づくることはできるわけです。それは信仰という土台に乗っていますが、非常に大きなソフト・パワーであると言うことができます。

また、「カナダ、スウェーデン、オランダは、同じような経済力や軍事能力を持つ他の国よりも大きな影響力を持っている」と述べています。カナダ、スウェーデン、オランダはスーパー・パワーではありませんし、スーパー経済パワーでもありませんが、非常に中立的で、社会が健全な好ましいかたちで存在する。誰でも特に制約も受けずに気軽に行けて、威圧感を受けない形で、民主主義や人道主義にのっとって国家と社会が運営されているということがあります。細部では、ごくステレオタイプ的な捉え方ではありますが、たとえば、オランダでは麻薬や犯罪の問題、スウェーデンでも同じような問題や高齢者の問題、カナダでもフランス語系の人々と英語系の人々が争うといった問題もあります。しかし、国総体としては、世界の誰から見ても、カナダ、スウェーデン、オランダが何か言えば、それが一つの常識として評価されるような力を持っていると言えましょう。その点で、ナイが挙げている例としては的確だと思います。

逆の例として、「ソビエトは第二次世界大戦後のヨーロッパでかなりのソフト・パワーを持ち、その経済力と軍事力も拡大傾向にあったが、ハンガリーとチェコ・スロヴァキアを侵略したために、そのソフト・パワーは低下した」ことが指摘されています。

つまり、共産主義や社会主義に対しては、日本でも戦前から戦後にかけて、共産党や社会党をはじめ知識人の間でも大変な共感を生んでいたことは事実です。ソビエトに対して共感を持っている国は、中国をはじめ多かったわけです。西側と呼ばれる国でも、特にヨーロッパの人たちはどこかでソビエトを応援していました。それはイデオロギー的、そして思想的な共感でもありました。

それがハンガリーやチェコ・スロヴァキアを侵略したために、一挙に幻滅を与えてしまった。大きな意味では一九五〇年代から始まった、ソビエトのいわば帝国的な力、武力や政治力の発揮が、ソビエトに対する大きな幻滅を世界に与えたことは事実です。それに加え、スターリンによる大規模な粛清や、「収容所」の存在が、政府による抑圧のシンボルとして世界に知られました。こうした事実とイメージによって、イデオロギー的なソフト・パワーが低下してしまった。それが九〇年代における崩壊につながったとも言えるでしょう。

### アメリカ的見方の弱点

この論文の議論をもう少し見ますと、さらに、「ソフト・パワーは時とともに変化し、場所によっても受け止められ方は異なる。自由と平等を重視するアメリカの大衆文化は映画、テレビ、電子コミュニケーション部門を支配している」と言います。世界中でCNN、ハリウッド、マイクロソフトは大きな力を発揮しています。「だがアメリカ文化のすべての側面が、あらゆる人にとって、たとえばイスラム教徒にとって魅力的なわけではない」、と言っていることには、注意をしておきたいと思います。

イスラム教徒にとっては、アメリカといえばイスラムを弾圧したり攻撃したりする敵だという見方もあります。ただ、今回のイラクの報道でも示されているように、イラクはサダム・フセイン大統領支配下で湾岸戦争以来、大変な反アメリカの態度を示してきましたが、社会の一般の人たちはスニーカーやTシャツ、あるいはハリウッド映画なども、どこかで魅力として認めていたようなところが見られます。たしかにイスラム教徒の間には、いろいろな面で反アメリカの動きは見られますが、ナイが言うように「イスラム教徒にとって魅力的なわけではない」ということではありません。インドネシアやマレーシアに行っても、イスラム教徒は多いのですが、アメリカの大衆的な娯楽、テレビや電子コミュニケーションは魅力的であり、しかも多くのイスラム教徒の人たちがそれを見たい、使いたいと思っています。

ですから、こうしたところにはアメリカ的な決めつけがあると思います。アメリカを代表する国際政治学者が、イスラム教徒と一言でまとめて、こうした決めつけをするのは、「多文化世界」を考える場合に問題ではないかと思います。これは私のコメントとして明記しておきたいことです。

アメリカは、国内は多民族社会、多言語社会、多文化社会であり、多文化主義といった考え方が深く浸透している部分がありますが、国家としては画一的、一元的な態度を外部世界に対して取りやすいことは、指摘できるでしょう。中東地域に対するアメリカの国家としての行動にも、ナイがイスラム教徒を一括して扱ったようなところがあります。イスラム教徒でも集団や個人によって立場の違いがあり、アメリカ国内ではそれを考慮しながら全体としてのアメリカ社会を構成し、その中で社会と個人が存在し活動するという傾向が見られますが、外部に対しては「異文化理解」をほとんど考慮しないような態度で、アメリカの主張や方策を一方的に押し付けてくるという側面があります。

彼のような世界的に影響力を持つ政治学者の言としては、先のような一言によっても、外部の方からすれば誤解が生じ、アメリカへの不信も出てくるかもしれません。それはむしろ反ソフト・パワーになるでしょう。ここではナイが提出したソフト・パワーという問題の重要性を考えていますが、私が読んでいても細部には時としてそうした問題があることは示しておきたいと思います。

## 情報化時代の影響力

ソフト・パワーの議論に戻りましょう。「情報の拡散やアメリカの大衆文化の力は、世界各地でアメリカの理念と価値への認識を高め、これらへの好感や開放的態度を育んできた。この現象は、ある程度はうまく計算された政策をとった結果だが、ソフト・パワーの獲得は偶然の産物であることのほうが多い」。これは、身近な例を考えても、たとえば、近年のハリウッド映画の大ヒット作『タイタニック』は、世界中の多くの人が観て感動しました。主人公たちの恋愛を機軸にした世界の見方は、有名な人気俳優、映画技術、映画の編集の仕方、映像の美しさ、音楽などの全体を通して、アメリカに対する親近感、あるいは憧れというソフト・パワーの影響力を獲得していると思います。

ハリウッド映画にもいろいろな作品がありますから、映画によっては逆の反応が起こることもあります。八〇年代、ジャパン・バッシング(日本叩き)が盛んだったころに作られた映画のいくつかには、日本人から見ると、日本のことをあまりにも理解しないで、日本人の行動を悪意を持ってあげつらっているとしか思えないような描写がありました。私は以前、このことについて書いたことがありますが、一方的な決めつけ、ステレオタイプでしか日本を見ないということから、われわれ日本人は逆にアメリカのソフト・パワーに対して嫌悪を持つ場合もあります。たしかに、ソフト・パワーの獲得にはいろいろな「偶然」があるとは言えるでしょう。

それはともあれ、情報化時代においてはソフト・パワーが非常に大きな影響力を発揮できることから、ますます重要になってきました。ナイは、「情報革命は立場や行動ではなく、資源を基に規定されるパワーにも影響を与える。一八世紀ヨーロッパのバランス・オブ・パワーの時代には、領土、人口、農業が歩兵部隊の強さの基礎だったわけで、これによって多くの利益を確保したのはフランスだった。一九世紀には、イギリス、そして、後にドイツが工業力を背景に支配的なパワーを手にし、二〇世紀半ばまでは、科学、それも核物理学がアメリカとソビエトにきわめて重要なパワー資源を提供した」という歴史的な概観をしながら、領土、人口、農業といった物質的資源をはじめ、工業力や科学、特に核物理学、核の保有を可能にするような科学がパワー資源を提供した、と論じます。

「そして二一世紀には、広範な意味での情報技術は最も重要なパワー資源となるであろう」と述べていますが、この論文が出た一九九八年から五年後の現在、情報技術は実に大きなパワー資源となっています。ただ情報技術は、マイクロソフトのように全世界の情報通信市場を大きく支配するというかたちでパワーを発揮するという側面とともに、もっと重要な特質として、いろいろな情報機器が発達し、あらゆる国家、民族、あらゆる地域の人が情報機器を手にすることによって、グローバルな形でのコミュニケーションを展開する力を持つことが可能になるという側面もあることは忘れてはならないでしょう。

情報技術(IT)革命は必ずしも大国に利するわけではないという議論もありますが、ナイはIT革命は小国に有利かという問題を立てて、そうではないと言います。小国にも従来にないパワーを発揮できる可能性はあるけれども、大国が持つ統合された情報システムは非常に強いと論じます。「ソフト・パワーは映画やテレビ番組の文化的な内容に大きく影響されるが、すでに確立された大規模な娯楽産業は、生産と配給をめぐって規模の経済を活かせる場合が多い。当然、映画やテレビ番組市場におけるアメリカの支配的なシェアは、今後も続く可能性が強い」。それはアメリカがすべてにおいて大国であるからだと言うのです。

この問題については、これ以上は触れる余裕がありませんが、情報化時代に日本をはじめとするさまざまな国や社会や地域が置かれた状況とソフト・パワーとの関係は、よく検討する必要があると思います。

### 「信頼」の意味

また次のような箇所があります。「冷戦期の西ヨーロッパ諸国にとってソビエトよりもアメリカのほうが信頼できる同盟国だったのは、民主国家としてのアメリカが、同盟諸国につけ込んだり、自分たちの支配を試みないという点でより信頼できる存在だったからだ」。それに加えて、たとえば、「適切な金利で資本市場から資金を調達するには、自国の財政に関する信頼できる情報を開示する必要がある」。アメリカはそれを開示しているので、みんなが信頼して経済的な行動をすることができたということでしょう。

これらは、どちらかといえばハード・パワーの側面ですが、ハード・パワーの発揮のためには「情報公開」をしているというソフト・パワーが認められなくてはならないことになります。これは大切な問題です。「最後に、ソフト・パワーを行使するには相手を説得できるだけの信頼性を持っている必要がある」。政府がきれいごとを並べても、その国の内容が、社会や文化や人々の生活を通して、説得力のあるかたちで裏付けられなければ、ソフト・パワーにはなりえません。

情報公開に加え、相手の国家の主権や意思を踏みにじって支配を試みるといった国家的横暴をしないという信頼がある、つまり人権を重視し、民主主義を守る国で、その実績がある。そうした実績が他の国々や人々に信頼感を与えることによって、アメリカに共感を持ち、アメリカの政策に従う。こうなれば、それこそソフト・パワーにちがいありません。世界の自由主義陣営のほとんどの国々は、こうしてアメリカを信頼して、ついていったわけです。

アメリカには人種問題や暴力など困難な問題も多々ありますし、ベトナム戦争などの軍事行動をさまざまに行ってきました。しかし、冷戦時代にソビエトが世界に示していたような国と社会と人々のあり方に比べると、アメリカのほうがはるかに信頼できたという認識のうえに立って、そうした信頼がまさにソフト・パワーの源泉の一つになる、「ソフト・パワーを行使するには相手を説得できるだけの信頼性を持っていることが必要である」と言うのです。

非常に重要な点だと思いますが、こういう問題があります。アメリカは世界に対する態度として人権や民主化というものを表明しています。今度のイラク攻撃の基底には、イラクが人権を無視し、民主化をしない国であるということへの批判がありました。大量破壊兵器を持っているかどうかが一つの大きな問題でしたが、サダム・フセイン政権は人権の抑圧、少数民の迫害など、国の運営が民主的ではないということに対する強い批判があって、これは世界の大半が認めていたのです。

しかし、先に触れたようにアメリカが人種差別を大目に見たり、それを許しているということがもしあるとすれば、「普遍的な人権」の信頼できる唱道者にはなりえません。「銃社会」アメリカでは殺人や暴力の問題が頻発し、人種差別もさまざまなレベルで見られます。その限りでは世界がアメリカのようになっては大変だという印象を与えることがあります。そうしたときにはアメリカが外部の世界に対して平和や暴力反対を訴えても、影響力は持ちえません。一九九〇年代の初めにはシンガポールのリー・クワンユー首相(当時)などが、アメリカの「人権・民主化」政策を批判して、アメリカや西欧の社会の家族崩壊現象や暴力を引いて、反論したことがありました。

一方、「一九九八年六月、訪中したクリントン大統領は、中国人の聴衆に人権の大切さを説いた。(これが可能であったのは)北京大学での講演後の質疑応答でアメリカ社会の問題点を質問された大統領が、理想的な平等を実現するためにアメリカもまた努力し、状況を進展させる必要があることを率直に認めたからである」。すなわち、アメリカの中には人種差別もあるし、暴力もあるけれども、理想的な平等を実現するためにアメリカも努力している。そうした状況を知っていて、それを改善するためにいろいろやっているということを率直に認める。国の最高指導者がそうした態度を取ることが、逆にまた信頼感を与えるソフト・パワーになる、ということでしょうか。

日本の首相も含めて、何か自国の問題があったときに、指導者たちは、それをどのように判断して、どのように対処したらいいかを考えるでしょう。その時に適切な判断をして、世界に対して率直に情報公開をし、かつ率直に意見を言うことが非常に重要です。クリントン前大統領は日本でもテレビに出演して日本の学生や一般の人たちの質問を受けたことがあります。あのような態度を見ると、こうした指導者のいるアメリカは信頼できるんだという気持ちがどこかで生まれるとも言えるでしょう。

それに対して、ほかの国の指導者は、特に人権や民主化がうまく行われていない国の指導者は、他国に行って公開講演をしたりテレビに出たりするということはまずしません。サダム・フセイン大統領もそういうことをやっていれば、別の局面が見られたのかもしれません。

金正日総書記もそういうことは一切しません。また、いまミャンマーにおける軍部の指導者による人権の抑圧や民主化の弾圧が国際世論で大きな問題となっています。アウン・サン・スーチーさんの処遇問題は常に大きな課題ですが、ミャンマーの実権を握っている国家の指導者が、ミャンマー国内でも、外国でも、公開の場でミャンマーの立場をきちんと説明するということは全くありません。そうなると、ミャンマーに対する信頼がなくなり、批判の正当性が浮かび上がってくるわけです。

今年(二〇〇三年)初めに起きたSARS(急性重症呼吸器症候群)の問題への対応は、国と政府と社会のあり方が厳しく評価されるという大きな試練を当事国に課しました。この点で、中国政府は大きな弱点をさらけ出しました。あらためて、こういうときに情報公開と信頼性のある国家というイメージ作りがいかに重要か、わかったことでしょう。まさにソフト・パワーの必要性が認識された事件だと思いますが、今後どう受け止められるでしょうか。日本も含めて、その点での配慮は大きな課題として残っているという気がします。

## 文化産業の力

このようにソフト・パワーは、国家や社会や人間のいろいろな部分に関係します。それを考えると、私は大きな意味での文化との関連が問題になってくると思います。その国の文化が非常に魅力的であり、世界の人たちがその魅力を感じ、注目することの意味を考える必要があるということです。

アメリカのソフト・パワーについては、何度も触れましたが、ハリウッド映画、ロックやポップス、ジャズなどのポピュラー・ミュージックから、コカコーラ、マクドナルド、スニーカーやTシャツ、さらにハードボイルドやミステリーを含む文学、クラシック音楽、美術などの芸術、ニューヨークやボストンやロスアンジェルスなどの都市文化、といったアメリカ文化がその基盤になっています。

このアメリカ文化の魅力を強く感じ、憧れる人々も世界には多いし、その文化は日本は言うまでもありませんが、北京でも上海でも、東南アジアやインドでも受け入れられています。アメリカが生み出す文化の力が非常に魅力的なものであり、世界の多くの人々に支持されていることは事実でしょう。それを「文化帝国主義」と批判することもよく見られます。アメリカの「文化産業」がこれらの文化を商品化して、世界に普及させていることもまた事実です。しかし、コカコーラやマクドナルドにしても、Tシャツ、スニーカーにしても、それを求める人たちがいいと思えなければ、どんな国の消費者も買わないでしょう。それを買うということは、自分たちがそれまで食べていたもの、着ていたもの、履いていたもの、見ていたものとは違った魅力が、そこにあるからです。そうした消費者側の選択がソフト・パワーにとってはまさに重要なのです。

アメリカの文化産業の力は非常に支配的であり、強いのですが、魅力的なものを生産しなければ、日本人でも、タイ人でも、イラク人でも、見向きもしなくなり、衰えてしまうでしょう。少なくとも文化産業として立ち上がっている、あるいは成功しているということは、それが魅力的な製品を生み出しているからです。その魅力に注目しないと、それを批判することも難しいでしょう。「文化帝国主義」と批判するのは簡単ですが、それと同じような魅力あるものを他の国や社会が生み出しているかどうかが、問題となるでしょう。

ここで指摘しておきたいのは、こうしたアメリカ的な「文化産業」の製品に関しても、グローバル化の中で、たとえば、スリランカのコロンボでも魅力的なTシャツをつくるようになりましたし、イラン映画は世界の人々が評価し、中国映画や韓国映画も世界の多くの観客を集める魅力を持つようになったことです。ポピュラー・カルチャーやその製品は、いまや、文化産業の問題としても世界的には競合が激しく、同時に相互依存が緊密に行われるような分野になっています。軍事力や経済力のハード・パワーもそうですが、ソフト・パワーはそれ以上に本来競争ができるものであり、しかも相互依存のための「場」を提供するような国や地域や都市が強力なソフト・パワーを発揮するということにもなります。

その一例として、ハリウッドではご承知のように、北京や香港出身の監督も、あるいはヨーロッパの監督も、オーストラリアの俳優も日本やレバノンの作曲家も機会を提供されて映画製作に参加し、その成果である作品が世界に配給されて、世界中の人たちが観るということが可能になります。こうした開かれたシステムを持つことは、アメリカのソフト・パワーの強さの中核となっていると言ってよいでしょう。そうした点でアメリカのソフト・パワーは、他の国に抜きん出た、ある種の普遍性を持っています。

ただ、一つの国のソフト・パワーが世界で評価されるかされないかは、その社会がどういう社会として存在するか、またその社会がどんな魅力的な文化を持っているかという問題にかかわってきます。ですから、ソフト・パワーを発揮しようとしても、文化的な資源、文化的な創造力、文化的な表現力がなければ、成功しません。

アメリカも歴史上、非常に立派に見えるときと、強権的であり、世界に対して害悪を与えるのではないかと不安に見えるときがあります。たとえばマッカーシー旋風が吹き荒れ、ハリウッドから有名監督が次々と追放された五〇年代のアメリカは、とても魅力のある国とは言えませんでした。また、その対外政策があまりにも軍事力に頼る面が強くなれば、アメリカに対する批判が出てきます。

いくらアメリカであっても、ハード・パワーのあまりにも激しい行使は、世界を混乱させ、不安に陥れます。ソビエトが崩壊せざるをえなかったのは、ハード・パワーにあまりにも頼りすぎて、ソフト・パワーを無視したからだとも言えるでしょう。特にソビエト圏内の抑圧的な権力の行使と、外部に対して発信する平和や平等主義のメッセージとの乖離があまりにも大きかったがゆえに、国際社会において信頼が得られませんでした。たとえ社会主義のよい面があったとしても、ソフト・パワーをうまく発揮できませんでした。そして、何よりもソビエトの文化は例外はあったにせよ、とても魅力的だとは言い難いものでした。ハリウッドもスニーカーも生み出さなかったのです。

### ソフト・パワーを強める「戦略」

ジョゼフ・ナイは、二〇〇二年に発表した著作、"The Paradox of American Power"(邦題『アメリカへの警告』)の中でも、「世界的情報化時代のソフト・パワー」という一節を割いて、ソフト・パワーの問題をあらためて取り上げています。どのようなことが言われているかを若干見てみたいと思います。

ナイは、先の論文でも、情報化時代にはソフト・パワーの重要性は高まっていると言い、ソフト・パワーは何よりも信頼性に基づくものであると言っていました。この新しい著書でも、情報化時代にはソフト・パワーが強い国は優位になる、情報化時代にソフト・パワーを強められる国は以下の三つの条件を満たした国であろう、と言います。

その条件の第一は、その国で支配的な文化と考え方が、世界の大勢になっている規範に近いこと。現在では自由主義や多元主義、自決観が規範になる。それに近い文化や社会的制度を持つ傾向が強い国はソフト・パワーを発揮できる、と言います。

第二は、情報交換のための多数のチャンネルを利用できること。その結果、他の国や社会が問題をどのように捉えるかに影響を与える力が強くなる。また情報がいろいろな形で開かれていて、マス・メディアを含めた多数のチャンネルが、国民あるいは外国の人間も利用できること、です。

第三は、国内と国際舞台での行動によって信頼性を強化できること。情報化時代のパワーにはこうした側面があり、パワー全体の源泉の中でソフト・パワーの比重が高まる。それはアメリカにとってきわめて有利な状況になるだろう、というのです。

アメリカは世界の中でもこうした条件を多く備えた国であることは論を待ちません。当然、アメリカのソフト・パワーも非常に優位になるということになります。

ナイも言っていますように、ソフト・パワーという捉え方は特に新しいものではありません。また、自国の文化を活かして世界に影響を与えるソフト・パワーをつくりだそうとするのは、アメリカ政府が始めたことではありません。ナイはその面での西欧諸国の例を引いています。

たとえば、フランス政府は普仏戦争に敗れたあと、凋落《ちょうらく》した自国の権威を回復しようと、一八八三年に設立したアリアンス・フランセーズを通じてフランス語とフランス文化の国外普及に努めました。自国文化の国外普及が外交の重要な柱になったわけです。フランスはよく文化国家といわれますが、それは文化外交が他に抜きん出て大きな役割を果たしているからです。

ヨーロッパの各国はイタリア、ドイツ、イギリスも、こうしたフランスの政策に追従するかのように、自国の文化を国外に広める活動を展開してきました。イタリアはイタリア文化会館、ドイツはゲーテ・インスティトゥート、イギリスはブリティッシュ・カウンシルがその拠点ですが、日本にもそうした各国の文化機関が来ています。そのような機関を通してイタリア、ドイツ、イギリスの国や文化を理解する手段を人々に提供し、またフランス語をはじめ自国の言葉を習わせるということが、今日に至るまで日本やアジアの多くの国の人たちにとっても重要な意味を持っています。また一九三〇年代には、ナチス政権が宣伝映画を上映するなど、ナチスが考えるドイツ文化の普及をしたことがありました。

むしろアメリカ政府は、自国文化を外交目的に利用する点では後発であったといわれます。第一次世界大戦の際には公共情報委員会がつくられましたが、戦争が終わると解散してしまいました。一九三〇年代の後半に至って、ローズベルト政権がアメリカの安全保障は他国の国民に話しかけ、支持を得る能力にかかっている、と考えるようになりました。これが今日よくいわれる「パブリック・ディプロマシー」という考え方であり、対外政策です。

第二次世界大戦後と冷戦の時代、特に冷戦の時代には、アメリカ政府は自国の文化の普及、あるいはアメリカ的なものの考え方について、世界に知らせることを活発化させて、アメリカ情報庁、ＶＯＡ(ボイス・オブ・アメリカ)、フルブライト奨学金、アメリカ文化センターなどの活動を通じ、またそれらの文化機関によって、有識者による講演などのさまざまな公的な活動を行ってきました。

注目すべき点は、アメリカの場合、ほかの国々と違って、ソフト・パワーのかなりの部分は政府の管理が及ばない民間の動きによることも大きい点です。たとえばパリに設けられたアメリカ文化センターは民間で運営するという建前でつくられましたが、いろいろな利害関係があって必要ないという判断が下され、いまでは閉鎖されています。ほかの国は国の政策としてやっていますから、大使館を置くのと同じように続けています。官がよいのか、民がよいのか、これは議論の分かれるところですが、要はどちらが管理・運営しても、いかに生き生きと文化活動ができるかでしょう。文化活動の官僚主義的な運営ほど困るものはありません。生ける文化の力を死んだ廃物に変えてしまう面が出てきます。逆に民営だと「儲からない」といってやめてしまうことにもなるのです。ただ、私の知見の範囲で言いますと、フランスやドイツの文化機関は実に活発な活動をしています。フランスとドイツとでは運営の仕方が違いますが、文化機関の活動資金は国から出ています。

**国内外に対する姿勢が連結**

その点では、アメリカはほかの国とは違った行き方をしています。民間的な外交のウエイトが大きく、しかもそれは全体としてのアメリカの国家的対外政策に、どこかで組み込まれています。前にも言いましたように、コカコーラ、マクドナルドなどの食品、あるいはハリウッド映画、ポピュラー・ミュージックが、民間企業によって大々的に文化産業の製品として、世界に広まっています。それが、商業的ではないさまざまな文化活動とも一緒になって、世界に「アメリカ」をインプットするわけです。

日本も、経済が非常に強かった一九八〇年代には、ソフト・パワーが非常に強くなり、世界に大きな影響を与えるだろうと言われたことがある、とナイは書いています。日本のマスコミが世界市場への進出を図り、政府系の日本放送協会(NHK)が英語での衛星放送を開始したといいますが、ただ、これらの試みは失敗に終わったと指摘しています。CNNやBBCアジア、BBCワールドと比べると、NHKの海外放送あるいは衛星放送は非常に限られています。私もアジア諸国に行って、現在なお日本からの放送発信は限定され、CNNなどと比べると規模も小さく、伝達性も弱いことを痛感しています。

ナイは、日本にはソフト・パワーがないわけではない、それどころか日本の大衆文化はアジアの若者の間で絶大な人気がある、と言います。アニメその他の人気は、アジアだけではなく、ヨーロッパやアメリカでも同じです。しかし、日本の文化はアメリカ文化に比べてははるかに内向きだということに加えて、特に指摘されているのは、日本政府が一九三〇年代以後の、つまり戦争や植民地支配の歴史について率直な姿勢を取ろうとしないため、ソフト・

パワーが弱まっている、ということです。

私の理解では、これは非常に重要な指摘だと思います。ソフト・パワーは国内のあり方と国際的なあり方が連結するというところに大きなポイントがあります。グローバル化と情報化の進んだ時代では、国内での「歴史問題」も含めたアジア諸国に対する対応、政府の意見、世論や、「靖国参拝」も含めた首相の言動がすぐ外部から評価されて、いかに外向きにはいいことを言っていても、内ではそうではないということが瞬時にしてわかります。そうするとアニメその他の文化的な発信をしても、日本への信頼度という点で、ソフト・パワーも弱まってしまう、これは大きな問題です。

先ほど触れたように、アメリカといえども、国内で暴力や人種差別が露骨になりますと、世界はアメリカの文化的な産物である音楽や映画がいかに魅力的であっても、アメリカのソフト・パワーに対する信頼度を低くしてしまうのです。ナイ論文の重要なところは、国内のあり方と国際的なイメージが連結しているということを指摘した点です。アメリカの社会や国家に対する信頼度が薄いと、いかに文化的な発信をしてもソフト・パワーにはつながらない。ナイの挙げる日本の例もしっかりと受け止めるべきでしょう。

## ソフト・パワー論の問題点と可能性

これまで述べたようなことが、ジョゼフ・ナイが考えるソフト・パワー論の論旨です。ソフト・パワー論は、基本的には国際関係、国際政治における戦略的な問題であり、言い換えれば、文化問題という形で構想されたものではなく、むしろ戦略的な問題として提起されています。

そのために、ここで注意しなければならないことが、二つあると私は思います。

一つは、ナイのソフト・パワー論はハード・パワー論と絡ませて、あくまでも、国際政治の立場から見たアメリカの世界戦略の理論として組み立てられているということです。何よりも、ハードとソフトを含めたアメリカのパワーの影響を世界にどこまで及ぼすことができるか、あるいは世界において中心的な役割を果たすためにアメリカはそのパワーの行使をどのように行えばいいか、という発想から考えられているわけです。アメリカ的な主張、アメリカにとってよいと思われることを世界に広めていくために、ソフト・パワーが非常に役に立つという主張なのです。戦略理論としてのソフト・パワー論ですから、あくまでも世界に対するアメリカの国力の影響の増大を図るという意味での政治理論であり、主張であることを忘れてはなりません。

もう一つは、ハード・パワーとソフト・パワーに分けることはできても、ソフト・パワーはあくまでもパワーです。軍事力とハリウッド映画の人気はすぐは結びつかないのですが、アメリカの主張を他の国々に受け入れさせるために、アメリカに対する好感度、いいイメージがあることが重要だという観点からなされた、アメリカの影響力行使のためのパワー論であるということです。ハリウッド映画のように世界的に人気を博し、世界の大多数の人間が観ようとするような文化製品をつくることによって、アメリカのイメージがよくなり、他の国々がアメリカに好感を持つようになって、アメリカの政策や戦略を受け入れる、その戦略にソフト・パワーが役に立つという主張です。

たとえばアメリカが日本に対して何か要求するときも、経済力や技術力、軍事力というハード・パワーを使って要求しなくても、ソフトな面での魅力があれば、日本もアメリカの言うことに従っても悪くはならないだろうと考える、ということです。

アメリカが生み出す文化的な生産物は、ハリウッド映画やポピュラー・ミュージック、あるいはコカコーラにしてもマクドナルドにしても、世界で人気を博して、世界の映画や音楽の中心となったり、世界のファストフードの中心となったりする、それがアメリカのパワーの増強に役立つと考えられているのです。ですから、それは文化における覇権的な戦略、産業における覇権的な戦略とも結びついています。

この二点を現実として受け止めたうえで、ソフト・パワーという考え方をどのように評価できるか、あるいは私たちはそれをどのように使うことができるか、ということを考えなければならないと思います。ジョゼフ・ナイが言うソフト・パワー論はアメリカの世界政治における戦略論の一つですから、それをそのまま受け止め、全体をよしとして、それに倣った形で私たちのソフト・パワーを築いていくわけにはいきません。それはあくまでも政治的な戦略論として受け取らなければいけません。そこはこの理論の限界であろうと思います。

ただ、ソフト・パワー論のすぐれている点は、単に対外的にいいイメージをふりまくというだけではなく、あくまでも国内のあり方との連結のうえでそのパワーが発揮されると指摘しているところです。そこでは少なくとも国家あるいは社会の内部における、世界に対するさまざまな情報公開が絶えず考えられています。その情報公開が同時に、アメリカのよいところ、あるいはアメリカが持っている魅力を世界に文化発信として出していくことであり、それを積極的に発揮するのがソフト・パワーであるということです。

私は、ソフト・パワー論というのは、そうした限界をよくわきまえれば、われわれが考える「多文化世界」にとって役立つ重要な概念だと考えています。そのことは、この章の第3節で展開していきたいと思います。

# 2　現代都市と文化の力

## 「文化の魅力」の問題として

すでに触れましたが、一九九〇年代には、「文化」にとって二つの重要な議論が現れました。いずれも、アメリカの代表的な国際政治学者によるもので、以前からいろいろな形で論じられてきた問題にはちがいないのですが、東西冷戦後の混乱する世界において発表されると、世界的な注目を浴びました。一つはハンチントンの「文明の衝突」論であり、いま一つがナイの「ソフト・パワー」論なのです。それぞれ異なる角度からですが、ともに現代の国際政治の問題として「文明」ないし「文化」の果たす重要性を指摘しています。

私たち文化人類学者はつとに「文化」の果たす重要性に言及してきたのですが、国際政治の専門家が、おそらく初めて、大々的にそのことを言ったことが、かなり挑発的な意見のせいもあって(特にハンチントンの論では)、世界的な議論となりました。ハンチントンの「文明の衝突」論は批判を多々なされながらも、湾岸戦争からチェチェン問題、同時多発テロ、アフガニスタン問題、イラク戦争とつづいたこの間の国際政治のパラダイムをつくった面があり、いまさらながら、その理論の「威力」や「影響力」は大きく、特にアメリカの対外的な戦略的展開をはかる基礎理解の一つとして作用したように思われます。

もちろん、私は彼の理論や世界の理解の仕方にすべて同意するわけではありませんが、その理論の影響力の強さには注目せざるをえないのです。「文明の衝突」論を含んだ「文明論」は、日本ではどちらかというと専門外のアマチュア的議論と受け取られることが多いようですが、実は大変真剣で深刻な「戦略論」を秘めた政治外交的な問題提起であり、議論なのです。このことはよく認識しておく必要があります。

言うまでもなく、私はジョゼフ・ナイのようなアメリカの世界戦略を考える国際政治学者ではありません。しかし、グローバルな世界における文化の問題を研究する者として、ソフト・パワーという考え方に刺激を受けました。文化がいままでは一国、一社会、一地域の「安全保障」にもかかわる「重い」問題となったことは、前著『異文化理解』でも繰り返して強調しましたが、実をいうと私は、「文化」があまりに政治的・戦略的な文脈で語られることに対しては反対なのです。むしろ「文化を政治化するな」というのが、私の主張です。文化は特に政治的・戦略的な脈絡から距離をおいたところで捉えられる必要があります。

そこで、現代世界における文化の問題を探るために、ソフト・パワーという概念を、その政治的・戦略的な文脈を一度外して、つまりソフト・パワー論を文化力、あるいは文化の魅力度の問題と置き換えて考えてみてはどうか、と思います。というのも、「多文化世界」にとって、真に求められているソフト・パワーとは、一言で言うなら、「文化の魅力」ということだからです。覇権的で支配的な役割を強く打ち出す部分は控えて、世界での「パワー」の影響力といったアメリカ政治・戦略の議論から見ればより「ソフト」な面を捉えてみたいのです。これが政治学者、戦略論者ではない私の、「甘い」と言われることは重々承知のうえでの主張です。

では、どういったことが、文化の魅力と言えるのか、具体的な観察をまじえながら考えていきたいと思います。

## 文化の個性

文化は絶えざる変化と創造にさらされていますが、その中でも自分たちの文化が持っている価値やその中核をなす力を、いかに鍛えて存続させていくかという問題があることをまず指摘したいと思います。それは文化の主要な要素である言葉を見ても、そうした問題が現れてきます。ごく一般的な形で、たとえば、日本語について見てみましょう。

日本語は長い歴史的な変化をこうむってきていますが、いまなお日本語の中核というものは厳然と存在していて、韓国語や中国語、英語とも違う言語を形成しています。このことは当然のことと言われるかもしれません。ただ日本語が大きく変化してきたことは誰しも容易にわかります。江戸時代の日本語、あるいはそれ以前の日本語と現在の日本語は非常に違っています。現代の日本人にとっては、過去の日本語による文章は必ずしも理解できるものではありません。

しかし、われわれは日本語の中に日本の文化を保持していて、時代ごとに美しい日本語を定着させ、すばらしい文学作品を創り出してきました。それをもって、日本語が世界のほかの言語に劣る、あるいは逆に優れているという問題とはなりませんし、そのまま文化の力の問題となるのではありません。日本語の個性が音や文字、文章的な表現において存続していき、それが魅力的になればなるほど、日本文学を通して日本人の世界を読み取り理解したいと願う人たちが外国に出現し、また日本語で書かれた作品がそれぞれの異なる言葉に翻訳されることになります。その結果、日本人の魅力、あるいは日本の国や社会や歴史の魅力も世界に伝わっていくわけです。

在日韓国人・朝鮮人の二世あるいは三世の人たちや、日本語を習得したアメリカ人や他の外国の人たちが、積極的に日本語で文学作品を発表して、それが日本の権威ある文学賞を受賞し、現代日本語文学として高く評価されるという事実も見逃すことはできません。それは、カズオ・イシグロ、あるいはサルマン・ラシュディといった、外国生まれで英語で書く文学者がイギリスの文学賞を取り、現代英文学の魅力ある部分を構成しているということに通じる現象です。日本語や英語を文学言語として高めたり、従来にない表現を引き出したりすることが可能な場合があるのです。二〇〇一年度ノーベル文学賞を受けたカリブ諸島出身インド系の英作家ナイポールの場合も、そうした点が指摘されています。

ただ、言語は多様でありうるのですが、文学者が文学作品を書く場合は、例外はあるかもしれませんが、通常一つの言語でしか書けないという問題があります。もちろん、ナボコフのように、ロシアで生まれて、ロシア人としてロシア語で作品を発表すると同時に、アメリカで亡命生活を送り、英語でも作品を発表するという例はあります。その点では、ポーランド出身のコンラッドという英文学史上の先駆者もいます。ただ、ナボコフの場合も、ロシア語で発表した作品、英語で発表した作品はありますが、ロシア語と英語で同時に一つの作品を発表したということはありません。ジョイスなどの「合成語」的な文学作品はありますが、多言語作家にとっても、どの言語で書くかという選択は大きな問題にちがいありません。それが文化の個性という問題にもつながってくるわけです。文化的個性とは、多文化的な要素がいかに合成・混成して創り出されるのか、という問題なのです。

### ロシアの文化力

さて、東西冷戦が解消され、ソビエトが崩壊した直後に、私はモスクワに行って講演をしたことがあります。そのときに最初に言ったことは、ソビエト時代のロシアの文化的イメージは自分にとっては非常に希薄で、ほとんど影響を受けなかった。自分が若いころもモスクワ発のレーニン主義やスターリン主義についてはほとんど関心がなかった、ということでした。

私のような年代の者にとってのロシアの影響には、二つのタイプがありました。一つのタイプには、ロシアからソビエトになった共産主義ロシアの発信するイデオロギー、つまりマルクス主義の国家観や社会観と、その「実現」であるソビエト社会への関心です。私などの大学時代には、マルクス主義や社会主義的なイデオロギーを高く評価して心酔し、それを誇らかに宣伝するような学生も多くいました。むしろマルクス主義の影響を受けないのは鈍感な学生として悪く評価されるような風潮もあった時代でした。私はまことに鈍感な学生であったのです。

もう一つが、イデオロギーの世界ではなく、旧いロシアの発信する文化的な魅力に関心を持つ人たちです。その場合のロシア文化とは、ほとんどが革命以前の音楽あるいは文学でした。私もチャイコフスキーやボロディンの音楽、ムソルグスキーのオペラには関心がありましたし、ロシアの文学、ツルゲーネフ、チェーホフ、トルストイやドストエフスキーの小説には非常に大きな影響を受けました。モスクワの講演では、私自身はこちらのほうでロシアとつながっていたと発言をしたのです。そうしたら、ソビエトが崩壊した後ということもあったのでしょうか、満場の拍手をもって迎えられた記憶があります。

ソビエトに共感を持った人は、日本にも世界にもたくさんいますが、その背後にはロシア革命以前にロシアが持っていた文化に惹かれてロシアを信頼するような気持ちがあったのではないでしょうか。ロシア文化は人類の共通の価値を切り開くような文化であって、そのいくつかは革命ロシア＝ソビエトの文化判断から価値を否定されることもありましたが、モスクワやレニングラードの音楽家やオーケストラは、日本公演でも「昔の」作曲家の作品を中心にプログラムを組んでいました。ロマノフ王朝の帝政時代が政治的、経済的、社会的に特によかったとも思わないものの、その時代が生み出した世界的な文化に対しては非常に心を惹かれるものがありました。それはソビエトのソフト・パワーとして活用されたと言ってよいでしょう。ソビエト体制が崩壊したあと、現在のロシアは、ソビエト時代は通り越して帝政時代に直接結びつきたいのかもしれません。プロコフィエフやショスタコーヴィチなどの音楽家や、エレンブルグやショーロホフなどのすぐれた作家を輩出したソビエト時代の文学や芸術が、すべて魅力がないと言うのではありませんが、自由な芸術活動を抑圧したイメージはあまりに強いのです。

これからロシアが「大国」として世界に対してメッセージを発するとすれば、それは軍事力や経済力だけではなく、むしろいま触れたように、帝政時代の豊かな文化を受け継ぐような世界に訴える文化の力、文学や音楽、芸術といったものの力を強く発揮することが大切でしょう。

### 中央アジアの地に立って

先にも触れましたが、私は一九九七年の八月にウズベキスタンの首都タシュケントに行きました。そこは帝政ロシア時代以来、ソビエト時代を通して、ロシアの中央アジアにおける最前線の衛星都市でした。ウズベキスタンは一九九一年に独立しましたが、タシュケントはいまでもロシア文化を濃厚に反映した都市であり、人々も公の場ではロシア語、家庭ではウズベク語という民族語を使う二重言語制が濃厚に存在していました。

そのタシュケントには、市の中心に大きなオペラハウスがあります。この建築には第二次世界大戦でソビエト軍の捕虜になった日本の兵隊たちが労働力として奉仕したという話ですが、西洋的あるいはロシア的なオペラを上演する文化センターであり、非常に見事なものです。聞くところによりますと、カザフスタンなど旧ソビエトに属する中央アジアの国々の大都市には、どこにもきちんとしたオペラハウスがあるそうです。プログラムを見ると、ロシアやヨーロッパの音楽家たちが公演をしています。地元でもオペラを上演する楽団があって、私が行ったときはそのリハーサルをやっていました。

これはロシアのソフト・パワー、あるいは文化の力にほかならず、その影響力は非常に大きいものだと実感しました。コロンボやタシュケントといったロシアにとっての「辺境」でのロシア文化センターの活動やロシア文化の発信には、とりわけその国の力を知る上での重要なヒントが現れています。コロンボでも「手を抜かない」という国家の構えは、なにごとか、その国の態度や方向性について教えてくれるものと思います。

両国ともに日本のODAを通した協力も行われていますし、日本に対する関心は強いにもかかわらず、ソフト・パワーとしての日本はほとんど認識されておりません。タシュケントでは、私が訪れてからすでに五年以上も経っていますし、情報化時代ですから、アニメなど日本の文化発信も受け取られているとは思います。当時は存在しないも同然だった日本語普及活動もいまでは行われるようになったという話も聞きました。「辺境」であるからこそ日本も逆に「文化発信」を強くすべきだと思います。

ロシアはウズベキスタンを連邦の一部として支配してはいましたが、武力や経済力、技術力、政治力で支配するというだけではなく、さらに文化力の影響があったため、ウズベキスタンの人たちのロシアとロシア文化に対する関心は、現在でもさほど衰えているようには見えないのです。もっとも、ここでもアメリカと英語への関心が次第に高くなっているとは感じましたが。

タシュケントは非常にきれいな町です。中心部の道路の両側には並木のある歩道があって、非常に美しい都市づくりをしています。これは帝政時代からのロシアの都市づくりの影響だと思います。これが今後急速に変化して、現代的になり、アメリカ的になっていく可能性はありますが、ロシア文化の力が町並みづくりにも発揮されていたということは忘れられることではないでしょう。

## 日本は訪れたいところか

私は先年、ソフト・パワーを「文化の魅惑的力」と言い換えながら、現代日本での問題点を指摘する文章を書いたことがあります。それに即して言いますと、まずわかりやすい例として、日本には外国からあまり観光客が来ないという事実があります。

日本からは、年間一五〇〇万人から一七〇〇万人の人が外国に出ていきます。これは観光客だけではないとはいっても、その大半が観光客です。日本人はこんなにも多く、さまざまな国に行って観光旅行を楽しむわけです。それがWTO(世界観光協会)によりますと、日本に来る外国人観光客は四〇〇万人から五〇〇万人の間で、観光客の数としては世界の国の中で三五位(二〇〇一年、四七七万二〇〇〇人)という順位になっています。中国、香港、マレーシア、トルコ、タイといったアジアの国々や地域は、二十傑までに入っていますし、なかでも中国は第五位です。中国へは三三〇〇万人以上の人が訪れています。日本と比べるとこれらの国々には圧倒的にたくさんの観光客が来て、それぞれの文化や社会、自然を楽しんでいるのです。

日本はアジアの中では際立って自由な国であり、治安もよいし、都市や自然の魅力も本来あるはずですが、外国の観光客にとっての高い魅力度として認識されていません。日本は、日本人がその内部で自ら充足している、閉じられた世界であるというイメージが、どうも外国にはあるようです。日本人は自分たちのための国内的なシステムだけを発達させていて、外国人や異文化の人たちについての対応はあまり考えない社会だというイメージが強いようなのです。ジョゼフ・ナイにしたがえば、アメリカのように外に開かれた態度を持とうとしないということになるのかと思います。

どうして日本に来ないかといえば、日本に入る飛行機を使うと旅費が高くなる。日本の物価は他のアジアの国々、あるいはヨーロッパ、アメリカの物価と比べても非常に割高である。ホテルの食事は非常に高い。こうした経済的理由以外でも、成田空港から都心へのアクセスが不便だといったような事実がすぐに指摘できます。バスを使ったとき、場合によっては二時間から三時間もかかってしまう。いまは成田エクスプレスがありますが、長い間、直接東京都内に入る公共輸送機関は限られていました。先進国の空港で、こんなに都市へのアクセスの悪いところは見たことがないと言ってもよいと思います。

アジアの代表的な空港では、いまはそうしたアクセスの面がよく考えられています。先年、香港で新しくつくられた空港は、以前は香港島から船で一時間近くかかったランタオ島にありますが、空港開港とともにハイウェイとエキスプレス・トレインが整備されて、外国人の旅行者も市街中心のホテルにすぐたどりつけるようになっています。日本の空港には、新しい関西空港にしても、そういう配慮がなく、人間的なサービスという点ではるかに劣っています。全体として、外国人が日本に来たいと思っても容易に来させないような条件を玄関口である空港から作り出しているわけですから、それが現代日本の魅惑度を削いでいるという感じを外国人に抱かせても仕方ないでしょう。

こうした問題は、基本的には文化度、あるいは日本のソフト・パワーに関することですが、同時にそれを創り出そうとする努力の問題だと思います。この努力は社会にも政府にも、いまだ大変に薄いと言っても過言ではないでしょう。それが海外において日本のイメージを悪くさせているところです。決して日本社会が悪いということではありませんが、外国から訪問客を迎える空港サービスも文化度の問題として捉える必要があると言いたいのです。新世紀には、空港は国の入口というだけでなく、国のシンボルともなり、そのイメージ形成に大きな影響力を発揮します。

こうしたことはほんの一例ですが、そうした点でも日本のソフト・パワーあるいは文化力の評価が低くなるということを指摘しておきたかったのです。この問題については、すでに私はこの数年間、いろいろなところで話したり書いたりしてきましたが、あらためてここで述べておきたいと思います。

## 「歩ける都市」の文化力

ソフト・パワーを文字どおり「文化的」に読み換えて、文化力あるいは魅惑する力と言いましたが、それを発揮するには、日常生活上の変化でもさまざまなことをあらためて見直す必要があるように思います。

いま都市の再開発が東京をはじめ各地で起こっていますが、人々が都市を楽しんで、また自由に利用することができるような「再開発」になっているでしょうか。都市は住むところであり、働くところでもありますが、同時に都市は人間にとって非常に使いやすく、またそこにいることが大きな幸福につながることを約束するようなところでないと意味がないと、私は常々思っています。誰しもそう思っていることでしょう。しかし、そう思った瞬間、その点で問題となるのは、現在の都市はだいたいが個々の人間の生活や行動を重視するよりも、巨大なオフィスビルを建てる、あるいは車中心に道路をつくるという面を重視し、人間が背をこごめて小さく生きていかざるをえないような形の都市づくりが多いという事実です。

私はかねてから「歩ける都市」の創造が必要であると提言してきました。都市に住み、また訪れる人たちが、都市を利用し、楽しむために、都市を歩くことは非常に重要です。歩くことは健康にも重要だと盛んに言われていますが、たとえば実際に東京の街を歩いてみると、とても気軽には歩けないことがわかります。

まず、道路が歩くためにつくられてはいないということに気がつきます。車中心ですから歩道が狭いことに加えて、ある程度歩くと道路によっては歩道が歩道橋で分断され、階段を上ったり下りたりの繰り返しを強制されます。これは大変な苦痛です。それが続くと散歩の楽しさは味わえなくなります。それに、歩道がよく途切れることも歩く者にとっては苦痛です。

日本の戦後の都市開発はすべて、自動車のための道路、オフィス用の巨大ビルといった考え方が先行したもので、経済発展のための都市づくりでした。たしかに、それは、発展のためには必要なことにちがいなく、決して否定されるべきことではありません。また、大きく見事な街をつくり出した面はありますが、その反面、いかに人が都市を気持ちよく利用できるかという側面はないがしろにされてきました。

最近の都市開発では、文化都市開発という言い方も現れました。現在、東京・六本木に大きな再開発地区が完成しましたが、その中には巨大なオフィスビルやマンションのほかに、歩ける広場や庭園があり、豪華なホテルやレストラン、ハイ・ファッションの商店も軒を並べて、「文化的」にうまくつくられています。しかし、そこにたくさんの人が集まってきて仕事をしたり、ショッピングを楽しんだりしようとしても、そこへのアクセス、周辺の道路や地下鉄への配慮は何もされていません。

これでは、再開発された区域内はうまく設計されていたとしても、それを都市全体の中に位置づけた場合には、車の渋滞や交通機関の混雑が悪化し、逆に都市の利用度としては大きなマイナス面も生じます。東京では、そういう意味での住民にとっての使い勝手のよさは常になおざりにされています。病院や巨大なマンションをつくる場合にも、道路のことはほとんど考えられていません。人や車が増えるときに、道路を拡張する、あるいは道路を高層にするということは考えないで建物をつくってしまうために、それを利用しようとしたときに大変な混雑が生じ、迷惑がかかります。

そういう点で、すばらしい建物やレストラン街、ショッピング・アーケードをつくるのはいいのですが、全体として人がいかに使いやすいようにするかが、いまや最大の問題だということです。何よりも都市全体として、人間が快適にしかも効率よく使うのだという観点から都市再開発がどうなされるべきか、事前に充分考慮して計画する必要があります。この当たり前の「常識」がほとんど重視されていない感じが強いのは、どうしたものでしょうか。

そういう点で、現在行われている都心の再開発は、私が見るところ、上海、シンガポール、香港、クアラルンプールなどのアジアの大都市と比べてみても、どうも文化的な配慮、人間的な配慮に欠け、魅力度が劣ります。単に建物やショッピングセンターが豪華ですばらしければほかはいい、という発想は過去のものであり、そこに住む人間、外部から来た人間が、どう気持ちよく使うかという点の公共サービスやアメニティへの配慮、いわば「歩ける」快適さが優先されるべきでしょう。

### 都市の魅力が感じられるか

「歩ける都市」というと、やはり西ヨーロッパの都市を思い浮かべます。代表的な都市としてパリを考えてみますと、いかに人間がうまく歩けるようにつくられているかがわかります。パリのブールバールといわれる大通り、あるいは狭い入り組んだ路地を歩いていても、人間が歩くようにつくられていて、周囲の建物や景色との関係もうまく按配してあるところが多く、歩いていてほとんど苦になりません。いつの間にかパリの半分ぐらいの場所を歩いて過ごしてしまいます。休日には朝から晩まで歩いていて、ほとんど地下鉄やバスに乗らずに、主要な場所、美術館や劇場、図書館などを歩いてまわることが、いつの間にか習性になっていることに気づかされます。東京で同じような生活をすることはちょっと想像できません。

パリのように地下鉄が大変発達していて、どこに行くにも地下鉄ですぐ行けるようなところであっても、都市で暮らすために、歩くことには非常に大きなウエイトがかけられていると感じます。もちろん、ベンヤミンをひもとくまでもなく、パリの街路には革命や反政府運動の弾圧という歴史が刻まれています。バリケードを築かせないためのブールバール造りという面もあったわけですが、現在のパリの「歩きやすさ」をここでは実感として、例に挙げました。ロンドンやミラノ、ミュンヘンであっても、同じような部分があります。西ヨーロッパの都市には、北京や上海、東京のような巨大都市は特になく、歩いてまわれるような規模の都市が多くて、非常に人間的なサイズを感じさせます。歩いていれば広場や公園があって休めるし、カフェも気軽に入れて気分が落ち着きます。都市全体におけるその配置の仕方も非常にうまく考えられていると思います。

これがヨーロッパの都市の魅力であって、そこから、繰り返しパリに行きたくなる、ロンドンに行きたくなるという気持ちが起こってきます。都市の魅力は、第一に歩けることにあるのではないかという実感を抱くのはそのためです。歩けるということは、都市の道路や路地、建物、景色といったものを自分の目で確かめる。これが文化というものを直接感じることにもつながります。すてきなカフェやレストランやホテルも、文化を感じる人間のための憩いの空間として存在することになります。

残念ながら、アジアのほとんどの都市は歩くためにつくられてはいません。人間がいかに快適に利用するかという観点からの都市づくりがされているとは思えません。そして、別に日本の悪口を言いたくはないのですが、日本の場合には美術館、劇場、公園に行く場合でも、気軽に歩いて行けるような距離になかったり、先に言ったように道路がそのようにつくられていない場合がほとんどです。これでは都市のソフト・パワー、あるいは都市文化の魅力を非常に低めることになってしまうでしょう。

一九六〇年代にバンコクに初めて行ったときは、熱帯で暑いことを除けば、決して歩いて嫌な都市ではありませんでした。しかし、いまは一説に世界一の交通渋滞があり、それを緩和するような都市計画がほとんど行われてこなかったこともあって、歩くことはむしろ自殺行為になってしまうとさえ言いたくなるところがあります。車で一時間かかるけれども歩けば一〇分で行ける、といった笑うに笑えないようなことも現実にあり、しかも一〇分歩けば大気汚染で息はつまり、眼には涙があふれ、呼吸困難に陥りかねません。

バンコクだけではなく、シンガポール、あるいはクアラルンプールその他の東南アジアの都市からインドの都市も含めて、イスタンブールに至るまで、アジアではほとんどの都市が歩けるようにつくられていないということは、自分の足で歩いて確かめた経験として、申し上げることができます。

「歩ける都市」というのは都市の魅力の基本だと思うのですが、そのためには、深夜、一人で歩いていても、泥棒やストーカーの危険がないという安全面も重要です。歩けるかどうかという面からの都市の快適度の測定は、犯罪の問題、治安の問題にもつながるのです。歩ける都市かどうかを計ることは、都市のソフト・パワー度、あるいは文化度のバロメーターになるでしょう。

東京は、深夜でも女性が一人歩きできる世界で唯一の都市だと言われたことがあります。最近は物騒な事件も起きていますが、外国の大都市と較べればまだ、かなりそういう特徴は認めてよいでしょう。一人で歩いても危なくないという点では魅力度は高いのに、歩けるようにつくられていないという面が、東京の魅力を減じてしまいます。

アメリカの都市も、ニューヨークのマンハッタンなどを除けば、基本的に人間が歩くようにはつくられていません。というのは、建物の間隔や空間の広がりが人間のサイズではなく、車のサイズになっているからです。ボストンやマンハッタンなどの一部の都市の中心部を除くと、車がなければほとんど生活できない仕組みになっています。そういう点で、歩ける都市という考え方はないと言ってよいでしょう。

ただ、地方都市などへ行くと、アメリカの小都市は非常にうまくつくってあります。車がないと生活しにくい面は変わりませんが、同時に都市の中心部には歩くためのきれいな街路が設けてあったり、人が気持ちよく休めるような公園があったりして、都市の快適さを味わえる工夫がなされていることに気づきます。

このように都市の魅力度は、いろいろな面で検討される必要があります。単に、ビジネスセンターとなっている立派なビルがある、ショッピングセンターや劇場や盛り場、博物館や美術館がある、レストランやホテルがいい、というだけでは魅力度が高いと言うことはできません。外来者も、そこに住む者も、うまく使いこなせるかどうか、という観点が重要だと思います。

## 上海のソフト・パワー

さきほどアジアの都市は歩けないと言いましたが、それでもここ一〇年ほどの間、特にこの五、六年のアジアの都市の動向を見ていますと、グローバル化の時代に対応するような都市づくり、あるいは都市計画が行われるようになったことに気がつきます。

何といってもアジアの都市の多くは、歴史が古く、文化のポテンシャル(潜在力)を示すような建造物や、都市自体が美術館や博物館であると言えるような、さまざまな文化遺産を持っています。ほとんどどの都市にも歴史があり文化がありますが、それをいかに現代に生かせるかという観点での文化的な都市開発がなされてきたかどうかが問題です。これまで述べたような都市の魅力度を増す、あるいはソフト・パワー的な意味での都市の力を高めるという配慮は、あまりされてきませんでした。それがこのところ目覚ましい展開を示し始めたという感じがするのです。

私は昨年(二〇〇二年)三月に、「上海ソフトパワー論」という文章を発表しました。それは、二〇〇一年一二月、五年ぶりに上海を訪れて、この都市が大きく様変わりしていることに驚いたからです。中国は現在、開放経済のもとで発展をしていて、その先端にあるのが上海という位置づけになっています。前に行ったのは、そうした位置づけが語られ始めた時のことでしたが、道路をはじめとする交通網は充分でなく、空港、建物、商店街、文化施設その他もばらばらな感じであり、都市の利用勝手としては非常に悪いものでした。旧租界があったバンド(外灘《ワイタン》)と呼ばれる人気の場所も、夜になると真っ暗でした。ところどころに有名な店やいいレストランはありますが、それをつなぐという考え方もほとんどないように思われました。上海を都市として楽しませ、味わわせる配慮がまだなされていないことを実感しました。

それが再び訪れたところ、全くイメージを一新させるような形で変化していたのです。真っ暗だった旧租界も煌々《こうこう》と照明がつき、中心部では地下鉄も利用に便利で、外国人でも非常にわかりやすいように街区がつくられていました。まだ部分的なことにはちがいないのでしょうが、歩くこともできるようになりました。何よりも非常に開放的な雰囲気があります。ほかにも、たとえば新しい空港はおそらくアジアで最大、最高の空港と言ってよいレベルにあると思いました。空港から市内へのアクセスも、私が行ったときはまだ完成していませんでしたが、世界で初めてリニア・モーターカーを使って、市街中心の地下鉄にドッキングさせることが計画されています。試運転がなされて、技術供与したドイツの首相と江沢民国家主席(当時)が一緒に試乗したとの報道がありました。空港からリニア・モーターカーで市街中心へという計画だけでも世界で初めてで、充分に魅力的にちがいありません。上海全体には問題も多々あるようですが、少なくとも現在では、アクセス面も非常によく考えて、都市再開発が進められている印象を抱きました。これは明らかに都市のソフト・パワーづくりという観点から見た都市計画であり都市開発だと言えるでしょう。

上海の場合、経済発展を至上目的としていることは事実ですが、同時に経済発展をしようとすればするほど、都市の快適度、あるいは文化力を高めなければいけないことにも気がついたのだと思います。そのために、ソフト・パワー、すなわち文化度を高める意識が、上海全体にみなぎっています。上海が世界の経済センター、あるいはビジネスセンターの一つであるということは内外で認められてきていますが、同時にいま上海市が試みているのは、いわば文化度を高める、ソフト・パワーを高める方向での都市づくりだということです。

さらに、上海には、戦前、アジア最大の国際都市といわれた近代都市としての歴史があります。イギリス、フランスなどの近代先進国が上海に租界という形でそれぞれの拠点をつくり、そこに自分たちの誇る西欧文化を傾注して、近代的建築物をつくりました。その後、この都市の歴史は動乱に次ぐ動乱でしたが、社会主義政権下にあっても、それらは保持され、上海の特色となっていました。現在では、それらの主に二〇世紀初頭から一九三〇年代につくられたアールデコ風の建物は、上海市の文化財に指定されています。しかも興味深いのは、たとえば一九一〇年代につくられた当時の近代的なアパートが文化財として指定され、指定のマークは表示されていますが、同時にそこはあくまでも現役の建物として人が住んでいます。当時の有名なホテルや銀行のビルなどもそれぞれに活用され、決して博物館に保存されるだけのような扱い方をしていません。

### 歴史の記憶を刻む

ひるがえって東京を見ると、先に皇后の実家である正田邸が壊されることに対して反対運動がありましたが、結局壊されてしまいました。こういった建物は、上海であれば文化財に指定して、普通に人が住みながら保存する方法を取ったのではないかと思います。東京にも近代的な文化財となりうる建築がたくさんありましたが、たとえば東京駅前の工業倶楽部も解体されて、新しい建物になってしまいました。

全部が全部というわけではありませんが、大半の近代的な建築物、特に繁華街やビジネス街にあるものは、使いにくい、古い、狭い、などの主に商業上の理由から壊されて建て替えられてしまったのです。この都市再開発の名の下でなされた、近代の記念建築の破壊によって、近代都市としての東京の文化的記憶はほとんど消え去り、現在の東京は歴史の浅い新しいビルしかない、文化的記憶の薄い都市になってしまいました。

歴史の記憶はまさに建物によって刻まれます。都市の記憶は建物によって保存され、継承されますが、そういう歴史的・文化的建物を都市再開発の名目のもとに、むげに壊してしまう東京のような行き方と、上海のように残して使っていく行き方があります。

上海はいまビル・ラッシュで、世界一高いビルの建設も始まっています。特に新しい開発区の浦東地区をはじめ、高層ビルが林立するようになりましたが、その中にバンドも含めて、現代から見れば古い建物が残されています。都市の行き方としては、上海ははるかに文化的な配慮のある、ソフト・パワーを高める意味で先を行く都市、確たる現代都市の思想を持つ都市ではないかと思います。

日本の都市政策は経済中心であり、そのための開発・再開発であって、文化的配慮がほとんどなされていません。近代の文化遺産として建物をはじめとする文化財を保つという観点が欠け、公共的なかたちで、しかも生きた姿でそれらを生かしていくための配慮がありません。それがひいてはアジアや世界から東京に来る観光客の楽しみを失わせるという残念な結果になっています。由緒ある近代建築が保存されていれば、アジアにおける日本の、近代の展開を画する都市の発展の姿が、各時期の建物に表現され刻まれているために、それらを見ることによって近代日本の歴史をたどることができます。

しかし東京は、近代の軌跡が明らかになるような文化財の保存や歴史への配慮を、ほとんど放棄しています。アジアから来た人たちが日本の近代化の軌跡を知りたいと言ったときに、「東京の古い建物を見ればだいたいわかるよ」と言えれば、文化力としても東京の魅力が増すと思いますが、残念ながらそれはほとんど難しくなってしまっています。こうしたことに見られる都市の魅力の違いを、われわれは決して見過ごすわけにはいかないと思います。震災も空襲もあったから、というのは言い訳にはなりません。破壊されたものの復元にかける執念は、西欧都市に見習う必要があります。たとえ木造であっても、木造建築の復元は、伊勢神宮の式年遷宮の例にならえば、いくらでもできるはずなのです。すばらしい伝統が日本にはあるのです。

古いものを壊して新しいものにしてしまうということでは、シンガポールの例があります。私もシンガポールには四〇年近く前から訪れていますが、シンガポールは独立以来の発展の中で、古い街区と建物はごく一部を除きほとんど壊されて新しい高層ビルに変わっています。シンガポールに旅行して、東洋のマンハッタンと呼ばれるような、あるいはマンハッタンをしのぐかと思うような、高層ビルの塊の中に滞在すると、最初は非常に整然とした姿に圧倒され、その魅力も感じますが、一日、二日といるうちにすべてが同じ画一化された感じを覚えて息苦しくなり、一週間もいれば当分来たくないというような気持ちになってしまいます。

それでも、たまたま路地を曲がったときに、昔の中国街のような建物の一画が保存されているのに出会い、その中にレストランなどがあるとほっとした感じになります。高層ビルと古い建物の一群、古い界隈の両方を味わうことによって、シンガポールの魅力を知ることができます。そうすると、もう一日滞在を延ばしてみたいと思ったりもするわけです。そういう点で、シンガポールはこれまではひたすら古いものを壊して、新しい、より機能的なものへの集中を国を挙げてやってきましたが、この数年、その考え方に対する一つの反省が起こってきたように感じます。

## 都市間で魅力を競い合う

シンガポールもすでに壊してしまった古い町並みを再現することはできませんが、たとえば、一九世紀以前から使われていた港湾地帯の倉庫街を魅力ある形に変えるという試みがありました。最初はそれを全部壊して高層ビルを建てる都市開発が計画されていましたが、それを知った私の友人である建築家のウィリアム・リムさんたちが反対し、結局市を説得して、昔の倉庫街の面影や建物そのものも全部残しながら、内部を改造して、エスニック料理や中国料理その他が入る一大レストラン街につくりかえました。それが非常に当たって、現在ではシンガポール第一の繁華街になり、人が大勢集まっています。

このように、古い文化を残しつつ、面目を一新するような再開発は、非常に意味のあることだと思います。それによって、シンガポールの文化に重層性が加わり、魅力が増したことは事実です。と同時に、より新しい方向性としては、シンガポールには文化施設が非常に少なかったのですが、文化的遺産を継承し存続させるために、小規模ながらもハイテク技術を駆使した博物館や美術館が作られたのです。

また、ごく最近では、オペラハウスや劇場を含むエスプラネードと呼ばれる文化施設ができました。機能追求だけが身上の都市シンガポールに、新しい文化空間が出現し、コンサートやオペラに大々的に取り組むようになっています。このオペラハウスはアジアでも最も規模の大きいものですし、その一画はショッピングセンターとホテル街、レストラン街に近接していて、世界から人が集まるシンガポールの新しい魅力となっています。その新しい魅力は何かといえば、文化の力だと思います。

そうした意味で、シンガポールはアジアの都市の中では一挙に文化度を高め始めたと言えるでしょう。それまでは、国際会議場や情報センターはつくってきましたが、文化施設にはほとんど配慮がありませんでした。いま述べたような文化施設の建設や、さらに文化としての大学という考え方も加わって、シンガポールは限られた空間ではありますが、現在、文化度を高める方向への大転換を目の当たりにしているところなのです。

こうした動きは、北京でも、ソウルでも、クアラルンプールでもあります。クアラルンプールにも文化施設としてコンサートホールができ、そこにマレーシア・フィルハーモニック・オーケストラというクラシック音楽のオーケストラが常駐して、演奏会を開いています。戦後のアジアでは西洋的なクラシック音楽を演奏する一流のオーケストラがあるのは日本だけでしたが、いまではシンガポールにもクアラルンプールにも、上海にも北京にも、ソウルにもあります。

シンガポールはもともとイギリスの植民地でしたから、一九三〇年代に建設されたビクトリア・コンサートホールがあり、そこにはシンガポール・シンフォニー・オーケストラという座付のオーケストラがあります。私はその定期演奏会にも行きましたが、一〇年前と比べても格段にレベルが向上していました。それは、社会や国家が文化に力を入れ始めたということの証左ではないかと思います。上海にもイタリア人が設計したオペラハウスがあり、そこでのクリスマス・コンサートも聴きました。

このようにアジアの都市も経済発展によって、また政治的な緊張感が経済発展とともに薄れるにつれ、文化施設、あるいは文化的な発信を重要視するようになりました。それが空港の建設にも関連し、ホテルや大学の発展も同時に行われるようになりました。人間が都市を利用しやすいように文化的な面での充実を図り、しかも楽しめる、あるいは充実した生活が送れる、快く滞在できる、といった方向での発展を目指すようになったと言えるでしょう。そういう点で、上海、北京、シンガポール、クアラルンプールなどの大都市へ行くと、むしろアジアではソフト・パワー、文化度を高めることをめぐって、都市間の大競争時代が始まったと感じるのです。

アジアの都市がソフト・パワーの発揮に努め、その文化力を高め、お互いに持てる力を文化の面で発揮して、人々を楽しませる、生活に深みを与える、この方向は大歓迎であり、一九六五年以来アジア各地を訪れてきた私の念願でもあります。経済発展のための都市開発、あるいは政治的な支配の拠点としての都市、といった面だけでなく、いま動き出した都市の新しい文化的展開が、政府や社会や人々が文化によって自分たちの生活の充実を図るように都市を見直し始めたことを意味するのであれば、新世紀のアジアは、大変期待できると感じるのです。

### 文化力を社会全体で高める

もちろん国のソフト・パワーあるいは文化度という場合には、自然の魅力も大きな力を持っています。日本の自然は非常に美しいといわれますが、ただ、その魅力を発揮するためには、自然と環境の問題があります。自然をうまく保護して、人々が自然によって慰められたり、自然を鑑賞したりすることができるかどうか、自由にリラックスした形で自然を楽しめるかどうかとなると、これには環境政策が関係するだけでなく、文化環境づくりが充分に配慮されて行われているかどうかという問題にもなります。そして、その社会に人権や民主化といった面での基礎的な配慮がなされているか、という問題も背後で関わってきます。人々が気楽に観光できる状況は、その国と社会のソフト・パワーの一部を形成します。

単に文化の一部を高める、奨励する、コンサートホールをつくるだけでは、文化度が高まるわけではありません。文化力を高めるということの意味は、社会全体が一つの落ち着いた雰囲気を持っていて、そこに住む人たちが、文化のよさと自然のすばらしさを楽しめるようになるということでもあります。

「歩ける都市」は都市の文化度のバロメーターであり、都市の魅力の基本だと述べましたが、本当に自由に歩けるかどうかは、いまだにアジアの都市の大問題であることも忘れるわけにはいきません。たとえば戒厳令下の状況を、私はバンコクやコロンボで幾度も経験しました。外出禁止令(カーフュー)が出て、外出できない経験もあったのです。サダム・フセイン治下のバグダッドでは秘密警察の監視があり、道路にも頻繁な検問があったりして、人々が夜、自由に町を歩くこともできなかったでしょう。東ドイツ時代の東ベルリンも同様であったでしょう。また、中国の都市でも最近まで、外国人が自由に行けるところと行けないところが分けられていました。歩くどころか、今日平壌《ピョンヤン》などには、普通の者は簡単には行くことさえできないわけです。

ソフト・パワーを高めるということは、まさに国全体、社会全体が文化の魅力度をいかにうまく人々に味わわせるか、その力を発揮するための変化を同時に行うことを意味しています。それには、経済発展だけでなく、政治の透明性、行政の理解、人々の協力などがうまく噛み合う必要があるのです。

文化大革命や天安門事件のときのような北京であれば、外国人は誰も行きたがらないでしょう。しかし、いまの平和になった北京ならば、一度は行ってみたいと思う人も多いのではないでしょうか。SARSの問題はありますが、いまの北京には、非常に大きな魅力があることは私の経験からもわかります。

アジア都市の間でソフト・パワー、文化度の競争が繰り広げられるようになるということは、繰り返しますが、ある程度の経済発展、政治的な自由の保証、文化的創造の自由、言論や表現の自由といったものが、その基本的条件として認められる必要があるのです。ソフト・パワーを発揮できるような文化度の充実に目を向けるということは、すなわち、国全体、社会全体の変革も同時に意味しているということを、あらためて強く指摘しておきたいと思います。

# 3　魅力の追求

## 「ソフト・パワー」を越えて

これまで、ソフト・パワーと文化の力(あるいは文化力)という言葉を、私は交錯するように使ってきました。ソフト・パワー論は、ある国や都市が他の国や世界に対して影響力を発揮できるか、という戦略論にちがいなく、自国の方針をいかに相手に理解させ、従わせることができるか、という議論です。ハード・パワーではどこかでどうしても強制的にならざるをえないとき、ソフト・パワーによって自国の魅力を発揮して、相手をその気にさせようというものなのです。それは単に一つの国に一つの文化があるということとは違って、世界に影響を与えようとする能動的な文化の力の発信であることは事実です。

けれども、「ソフト・パワー論」の刺激を受けつつ、私は世界戦略的な政治理論とは違う形で、現代世界におけるソフト・パワーの重要性をもっと文化に引きつけて、考えたいのです。ソフト・パワーはあくまでもパワー論ですから、そこには政治経済的なパワー拡張論が背後にあります。しかし、世界の相互依存と緊密化が進む現代のような時代においては、一国の覇権的な拡張は世界秩序を形成するどころか、大いにそれを乱す結果を生み出さずにはいません。そうではなく、異文化間で起きる接触や交流、そして混成化によって、それぞれの文化の力を高め、その魅力を発揮し合う中で、人々が充実した生活や充実した仕事ができるような世界の展開を期したいのです。その意味で、あいまいな言い方になるかもしれませんが、文化の力という問題をあらためて提起したいと思いました。

アメリカの国家戦略的な観点からのソフト・パワー論ではない方向として、それぞれの国や地域がお互いに文化の力を出し合って、お互いに魅力を高めながら、グローバリゼーションの中で人間の交流、文化の交流、あるいは仕事の面での交流をうまく果たしていくことが考えられないでしょうか。それがもっと大切なことではないでしょうか。お互いの文化の力を発揮するような方向で、政治や経済、技術、そして社会が一致協力して進んでいくところに現れるのが、本書で私が言いたい「多文化世界」なのです。

ただ、気をつけておきたいのは、文化の力は、国や社会の伝統的な文化、あるいは固有の文化と思われているものを積極的に活用して広めていこうとすることだけを意味するのではないことです。もちろん、現代の日本においては、歌舞伎や能などの伝統的な芸術、神道や仏教などの宗教、伊勢神宮や京都や奈良の神社・仏閣、さらには京都の町屋などにも象徴されるさまざまな建築など、これらは日本文化の中核として重要な位置を占めています。しかし、文化の力を発揮するというのは、単に伝統的な芸術や建築、宗教を継承し、発展させることを意味するだけではありません。現在の日本の社会が、日本の国内においても、あるいは世界の他の国から見ても魅力を持つものであるかどうか、というところに眼目があるのです。

そのためには、ジョゼフ・ナイが指摘したさまざまなポイントは、大いに参考になります。それは、現代日本の政治が開かれたものであるかどうか。人権や民主化を重んじる制度を持つ社会であるか。外国人が入ってきても、仕事があれば定着できて、幸福に過ごせるような社会であるか。また組織や制度が開かれているか。外国人でも、日本に行けば教育や社会制度の恩恵を受けることができるという期待を持たせることができるかどうか。同時にそれをまた国内にいる日本人が享受しているか。こういったことが評価の大きなポイントになります。

日本は、いろいろと問題はあるにせよ、他のアジアの国々と比べても際立って言論や表現の自由が保障されていますし、大学にいても研究は非常に自由にできます。しかし、そうした評価が日本国内だけにとどまっているのか、あるいはアジア諸国からも言論や表現の自由がある国として評価されるのか、そこを考えなければならないでしょう。日本でいくら言論や表現の自由が保障されていても、それは日本人のため、あるいは日本語のためだけであって、英語で表現しようとすると外国の人たちが思うように表現や行動ができないとか、いろいろな問題が出てくるかと思います。日本は日本語の国と社会とはいっても、英語を用いての生活もまたある程度許容される国と社会であるならば、日本の文化の力は大変強いと評価され、日本の魅力は増すことになると思います。もちろん、日本語をやめて英語にしろといった話ではまったくありません。コミュニケーションが外国人にとって容易であることは、現代国家にとって大きな魅力となることを指摘したいのです。

### ブランド国家論

ところで、現代が「ブランド」の時代であることは、消費経済・消費文化のあり方を見れば、常識と言ってよいでしょう。ブランド名があるかないかは、商品の死活問題です。マス・メディアと情報化の時代、そしてグローバル化の時代にあっては、すべからくブランド名が通っているかどうかに左右される面があるのです。最近も、中国のジャーナリストで日本通の莫邦富が、中国での外国製品の「ブランド名」(中国名)の問題について興味深く論じていました。いかに中国人にとってイメージのよい名前をつけるかが、外国製品が受け入れられる基準だと言うのです。まさに現代は「イメージと著名性」の時代、これは何も商品だけでなく、国家に対しても当てはまることである、と論じる著者が出てきました。文化の力を論じてきた流れに即して、「ソフト・パワー」論と「文化の力」の間を補う形で紹介しておきたいと思います。

その論文は、オランダの国際関係研究所の上級研究員を務めるピーター・ヴァン・ハムがアメリカの外交誌『フォーリン・アフェアーズ』に二年近く前に発表したもので、題名は「ブランド国家の台頭――イメージと著名性のポストモダン政治」です。ハムの論旨は簡単です。

いまやブランド時代、国家もしかるべきブランドを持つ必要がある。ブランド無き国家は世界から歓迎されず、経済投資の対象ともされないで取り残されてしまう、というのです。

「この二〇年以上というもの、はっきりと自分のよさを主張する広告は、ブランド化への道を切り拓いてきた。(中略)それは人々がアイデンティファイできる情緒的な次元における製品とサービスを与えることである」とハムは言って、例を挙げます。シンガポールとアイルランドはその独特のイメージ作りによって、単に地図上にある国ではない、その微笑み誘いかける美しい顔(シンガポール航空の広告)と、雨に煙る緑の島と赤毛の子供たち(アイルランドの観光広告)が世界中の人たちに魅力を訴えます。

両国のイメージはこの二つに尽きるものではありませんが、国のイメージは何気なく目にする広告によっても、いつの間にか形づくられることは事実でしょう。シンガポールもアイルランドも「ブランド国家」になったとハムは言います。「ブランドとは、一口に言えば、顧客や消費者がある製品に対して抱く想念である。ブランド国家とは、ある国家に対して外部の世界が抱く理念である」、さらに、「アメリカとアメリカ製品とは個人の自由と繁栄を代表する。エルメスのスカーフとボージョレ・ヌーボーはフランスの生きる楽しみ、ＢＭＷとメルセデスは自動車のドイツの効率性と信頼性を表す。実際、ブランド製品と国家とはグローバルな消費者や顧客の中では混合するのである。たとえば、多くの面で、マイクロソフトとマクドナルドとは最も外に対してよく見えるアメリカの外交官である。それはノッキアがフィンランドの世界に対する代表団であるのと同じである。今日の情報化時代にあっては、強力なブランドは外資の導入や最高の人材の獲得、そして政治的影響力の発揮においても大変重要である」、さらに「今日、個人も企業も都市も地域も国も大陸も、すべて自らを市場に売り出さなくてはならない。ときには攻撃的なセールスのテクニックを用いてもそれを行う。逆に悪い評判が立ったり売りが何もなかったりすれば、国際社会においての立場を深刻な危機にさらすことになる。ブランド無き国家は、国際社会で経済的・政治的な関心を惹きつけることが大変困難な時代となった」と言い、「イメージと著名性とは、このように国家の戦略上の公正さの追求の本質的な形成要素となった。ブランド製品と同じく、ブランド国家も信頼と顧客の満足に基づく。購入する製品と同じく、我々は国家の性質について論じる。各国家が「友好的か(西欧に対して)」そして「使用できるか(同盟国になれるか)」、あるいは、「攻撃的か(膨張主義か)」そして「信頼できないか(悪者か)」といった具合いに」、と論じます。

ハムがブランド国家論を展開するのは主にヨーロッパ諸国を対象と想定してのことで、これは拡大するEUのあり方を視野に入れての戦略論と読めますが、彼の主張には重要な論点があると思います。それは次のような指摘に見られます。「ブランド国家が際立った美点を持つイメージを造り上げるために掲げるその歴史、地理、民族的な動機などは謙虚な運動であり、そこには根深くしばしば敵対的な意味を持つナショナル・アイデンティティと、ナショナリズムに付随する自国の特殊性の主張が欠けている。民族的な排外主義を外すことによって、ブランド国家はヨーロッパのさらなる平和主義を進展させることになる」。

国家のブランドは、いくらイメージと著名性が重要とはいっても、単に外部に対していい顔をすればよい、いい広告を広めればよい、ということではありません。何よりもその国が外から見て「すばらしく魅力ある存在」と映らなくては、意味を持ちません。グローバル化と情報化の世界では、国内と国際は結びついているわけですから、国内での不祥事を隠すことは大変困難です。情報公開をしなければ、「閉じられた国」として悪いイメージが広がります。サダム・フセイン治下のイラク、金正日治下の北朝鮮、いずれも極度に情報を隠してきました。抑圧的な政治、自由の無い市民、低迷する経済、文化への関心の薄い社会、公共福祉の弱い社会、環境問題無視の国家など、これらはすべて反ブランド性を示します。

ハムの「ブランド国家」論は、拡大していくEUへの警告であり、EUのイメージと著名性を傷つけるような国家は入れないという主張であることから、「これからの政治家は、その職務を成功裏に遂行するためには、ブランド力を発揮させるためのマネジメントを学ばねばならない。彼らの責務は彼らの国家のための適当なブランドを見つけ、市場競争に参加し、顧客の満足を得るように努力し、そして、特にブランドへの忠誠を創り出すことである」と述べ、「ブランド国家はお互いに競合するだけでなく、ＥＵやＣＮＮやマイクロソフトやローマン・カトリック教会などとも競わなければならないのだ」と言っています。こうしたブランド国家を目指すヨーロッパ諸国の例をたくさん挙げていますが、ブレア政権初期の「クール・ブリタニア」政策や、汚職と汚染チキンにゆれるベルギーがイメージ一新のために行った作戦などは、興味深い政策であり、その実行であったことがわかります。

ハムのブランド国家論は、グローバル化と情報化の中で方向を模索する国家と社会にとって、意義のある議論だと思われます。というのも、いつまでも政治・経済・軍事力で国家がパワーを競い合うようであれば、人間の未来はないからです。そして、どこか次元の違う方向での展開が、いま強く望まれていると思うからです。

### 多文化世界を現実の形に

文化の力を高めることは非常に重要であり、これまで述べたように政治体制から社会制度、教育や組織のあり方、人々の意識、外国語の活用など、全部が文化の力を高めるということにおいては関連し合っています。各国、各社会、あるいは各地域が文化の力を高め、お互いに競合しあいながら魅力を発揮していくことによって、初めて「多文化世界」は現実の形となって現れてきます。

このことは何度でも強調したいと思います。私の言う「多文化世界」は、ただ単にこの世界にさまざまな文化が存在している状態のことを言うのではありません。また自己の文化的アイデンティティを主張することでもありません。

もちろん、「多文化世界」を考える場合に、世界各地にさまざまな多様な文化が存在することを認識して、それぞれの文化の存在を擁護するという考え方は大切です。国連、ユネスコ、あるいは沖縄サミットの宣言にも見られた、この地球上にさまざまに存在する「文化の多様性」を擁護するという考え方は、いまや世界の一つの大きな傾向になっています。

たとえば、南太平洋にある小さな島に住む人たちの言語の担い手が年々少なくなる。自分たちが生まれ育ったところの言語が小さな範囲でしか通用しないことから、子供たちは、たとえば、英語の世界に行ってしまって、親たち、老齢者しか祖先が持っていた言語を使わない。それが最後の一人になってしまうということも、オーストラリアの先住民などでは報告されています。そうした絶えゆく言語も人類の文化の一つとして認識し、その言語を尊重して、何らかの形で救おうとすることは重要です。

現在でも世界の多くの言語が失われたり、大幅に変わってしまったりしているという報告が次々と出されています。先にも指摘しましたように、言語の消滅はきわめて現代的なトピックでもあります。同時に、言語が失われると、言語にまつわる記憶、言語が貯蔵していた文化の記憶もなくなっていきますから、それは文化の消滅を意味します。「文化の多様性」をいかに守るかは、「人間の義務」と言ってよいかと思います。

二〇〇三年三月に私たちが主催した国際シンポジウム「文化の多様性と情報ネットワーク」で、インドの社会心理学者で文化研究家としても著名なアシス・ナンディ氏が、ヴェルナー・ヘルツォーク監督の傑作『緑のアリが夢見るところ』(一九八四年)を例に挙げて「多様性の擁護」に言及するのを聞いて、あっと思いました。この映画は、オーストラリアの先住民の人たちが先祖の土地として崇める場所が、企業や政府の開発の対象となったところに生まれる悲劇を描いています。先祖の場所はまた、地下資源のある場所であり、緑のアリが巣をつくるところでもあるのです。象徴的な素晴らしい映画でした。私は、いち早く外国で観てこの映画の重要性を指摘した山口昌男氏に教えられて、観ました。その後、文化人類学のテキストとしても、これをよく用いたことがあります。

話を戻しますと、私が考える「多文化世界」とは、「文化の多様性」の擁護を基本的な問題として含んでいますが、同時に、世界の各地域の文化の担い手がその文化の力を認識しながら魅力的なものに鍛えて、世界に発信し、地球全体の文化を豊かにするために努力をする、という意味での「運動」を含んだものなのです。

ですから、ソフト・パワーというのは戦略的な言葉ですが、その考え方の中の戦略的な部分をより少なくして、世界各地でさまざまに存在している文化とその担い手が自分たちの文化を鍛えていく、より魅力度を増すような形で創造していく、という意味を持たせたいと思うのです。

繰り返しになるかもしれませんが、「多文化世界」とは、単に世界にはいろいろな文化があって、それが重要だ、といった認識にとどまるものではありません。それぞれの文化が、文化度を高める積極的な努力をすることによって、一つのグローバルな世界を構築していくという意志の表れとなる世界が、「多文化世界」です。

ナイの概念におけるソフト・パワーは、アメリカの国際戦略が強く反映されています。その部分は必ずしも共有する必要はありません。それに、その部分まで他の国々が共有していけるとは思いません。また、「ブランド国家論」も、戦略論としての限界があります。グローバル社会を構築する場合には、文化度を高める方向で「多文化世界」を構築するための意欲が必要です。ソフト・パワーから「多文化世界」へと、私たちは発展させる必要があると思います。

ナイの論文では「知は力なり」という言葉が引かれていました。この言葉は古来、いろいろな人が言ってきたことですが、私はむしろ「文化は力なり」だと思います。

文化の力は、人々が豊かな気持ち、あるいは、楽しめる気持ちで生活し、他の国の人々や異文化を持つ人々とともに生きていけるのか、ということにかかっています。この場合の「力」は、文化の支配的な力ではなく、自発的な力です。一国だけでいくら文化の力を発揮しても、隣の国がそうでなかったら、これは「多文化世界」にはなりえません。これからの世界を考える場合には、「文化は力なり」ということを各国、各社会が深く受け止めて、いかに自分たちの生活から世界に向けて文化を魅力的に発信していくかが、大きな問題になります。「多文化世界」は「多文化社会」とは違います。つまり、自文化のアイデンティティを主張しあうことにはとどまらないのです。

**文化の価値観をめぐって**

世界と社会を全体としていかに幸福にしていくかを追求して、これまで公共哲学や道徳哲学など、いろいろなことが論じられてきました。カント以来の永久平和論もジョン・ロールズ的な正義論も展開されましたし、世界平和論も唱えられました。社会主義的な世界平和論もありました。また、アイザィア・バーリンの考え方に即して、一つの理想を追求する思想と行動の危うさについて、指摘もしました。

これまでさまざまな思想家が述べ、現在でも強調されているような世界平和論、あるいは公共圏をめぐる思想、公共哲学について思いをめぐらすたびに、私がいつも不満を感じるのは、文化のファクターがほとんど考慮されていないということです。まず第一に、この世界に文化がいかに多様に存在するものであるかという基礎的なことに対する配慮がないと感じられてなりません。いくら公共性を説き、正義を説き、あるいは平等性を説いても、人間が平等性を享受できるような文化的な価値観がなければ、あるいは文化的な楽しみというものがなければ、意味がないと思うのです。

ですから、カント以来、あるいはヘーゲル、マルクス以来、ハーバマスにいたるまで、いろいろな議論があることを私なりに承知のうえで、それぞれの違った地域、違った社会の文化を魅力的かつ意識的に創造し、発信していくことによる「多文化世界」というものを想定しているわけです。そのうえであらためて公共性や正義論も出てくるだろうと思います。本書では詳しく論じる余裕はありませんが、いずれこうした問題については一書を問うつもりです。

そして、文化相対主義を考えるときには、先に触れたことをあらためて述べれば、人間の共通の意識、人間が守るべき基礎的な道徳や公共心の成立を期すことが不可欠で、そのうえで、そこに住む人間にとって各文化を表現する意味があることを知る必要があります。

文化と人間をめぐって共通に認識すべきことや、共通に守らなければいけないことを、どこで考え合わせながら、私たちのグローバルな世界を創り出していくか、という問題は、実はこれから私たちが考えていくべきテーマであり、それこそ新世紀における人間の基本的な問題であると言ってもよいでしょう。私は少なくとも「多文化世界」をつくるという認識が、その基礎の一つになるべきものだと思います。

**直線的に目指された発展**

これまで四〇年近く、アジアの国々や社会を見てきて、非常に気になっていることがあります。アジア諸国は、懸命に近代化と経済発展を目指して、真剣にそれぞれが取り組んできましたが、これまで私の見るところでは、日本がこの一五〇年以上にわたって行い、特に第二次世界大戦後に示したような、非常に一直線の発展の取り組み方と同じであることとです。

つまり、開発と発展を一直線のものとして捉えて、経済発展のためにはあらゆる障害を取り除こうという方向です。前節の都市のところで述べたように、古いもの、不要で役に立たないと思われたものは、壊して新しいものをつくる、発展のためにはあらゆるものを破壊して進んでいこうという形で、開発が行われた後には古いものは何も残らないような「発展」の方向です。すべてが利便性と機能性の獲得を目標として進められる「発展」です。

たとえば、いま中国がそれに従って、長江に巨大な三峡ダムをつくるために、流域にある多くの町や村落、あるいはそこにあった文化も水の底に沈めてしまおうとしています。それに対してはいろいろ反対運動もあるようですが、政府はあくまでも開発のための電力確保用に三峡ダムを建設すると言っています。これは日本でもこれまで多くの場合にまかり通ってきた議論、主張です。東アジアの国々ではいまでも大方針として了承されている見方だと思います。この主張の中では、新しいものを何よりも尊重するという考えが強くあり、経済発展に向かって一直線に進むことはできるのですが、同時に、歴史や文化の継承、文化の保存、さらには「人間が生きてきた」生活と文化の尊重といった方向は無視されます。新しいもののために古いものを壊してしまうということが発展の前提になっています。

先に上海の例を引いて、中国でも近代的な文化遺産が残っていると言いました。ただそれ以前のものが残っているかというと、開発の名の下にほとんど破壊されて全部新しいビルに建て替えられています。かなり地方へ行っても、新しいビルしか建っていないと指摘されています。私が見たところもそうですが、古いものを破壊して新しいものをつくりだすのが発展だという考え方がいまだに支配的です。古いものの保存、歴史や文化の継承に対しては冷淡であるというのが、いわば日本型の、あるいは東アジア型の発展の仕方ではないでしょうか。

それに対してアジアでも、たとえばインドへ行きますと、そうではありません。インドはムガール帝国がイギリスの侵略によって崩壊し、イギリスの植民地支配を経て、第二次大戦後、独立して現在に至っています。そのため、イギリスに代表される西欧的なものの影響も非常に強く受けています。また、二億人近い人たちが英語が話せるというように、言語的にも西欧文化の影響を非常に強く受けています。議会民主制を敷き、世界最大の選挙を行う文民統治の大国でもあります。

しかし、都市や農村の風景、自然の景観、人々の生活、宗教や風俗、民族や言語の圧倒的な多様性などを見ていると、東アジア型の、古いものを破壊して新しいものをつくるという面での発展は、遅々として進んでいないことに気がつきます。もちろん高層ビルもあれば、近代的な都市の景観もありますが、同時に古い町並み、あるいは古い伝統的なインド風の建物や植民地時代の建物もたくさん残っていて、いわば新旧が混在しながら、全体としては何か巨大なエネルギーで発展を志向している感じがします。

## インドでの自文化への愛着

東アジア世界と対照的なのは、そこには伝統的な習慣、またヒンドゥー教に代表されるような宗教の力が非常に強力で、現在でも人々の心を動かしていることです。これは笑い話としてインドの知識人から聞いたことですが、中国などの在外「華僑」は、出身地の村のためにお金を使うこともあるが、同時に、上海のビルを建てるなど、中国の経済発展のために投資する。インドではどうかというと、在外「印僑」の人たちは、お金がたまると、第一に郷里の寺と僧侶に寄進をしたり、新しい寺院をつくったりするのに使う、という話でした。そういう面で、故国の経済発展への投資は二の次になってしまい、何よりも信仰や故郷の文化保持が重要視されるというのです。古くからある習俗に対する執着も非常に強いのです。

インドでは、片方で近代化、グローバル化という変化に適応しなければいけないということは認識されているのですが、同時に、連綿として続いてきた自分たちの文化を守っていこうとする力も非常に強いのです。

　インドの首都デリーという近代的都市に行ってもわかりますが、女性はほとんどの人がサリーを着ていますし、男性も伝統的な衣服を着た人が非常に多くいます。先に挙げたインドの代表的な知識人、アシス・ナンディ氏も、東京やボストン、ミラノで開かれるシンポジウムに出席される場合、普通は伝統的なインドの服装で現れて、講演をしたりディスカッションに加わったりします。ほかの東南アジア諸国、中国や台湾、トルコなどからの出席者はすべて日本人と同じく、男性も女性も洋服姿ですが、インドの人たちは伝統的な服装で出席する方が多いのです。

　それは単に西欧的なものを受け入れない、あるいは経済的にそれを受け入れる余地がないということではなく、それが過ごしやすいと同時に、そうした格好で過ごすことに対する執着、自分たちの存在にとって意味があるということを、感じているからだと思います。発展の方向は、必ずしも衣服を洋装に変えてしまえばいいとは考えていないということです。ただ、東アジアの場合は、発展を考える場合には服装も洋装でなければだめだという前提になるのです。

　インドはいまハイテク技術で優秀な技術者がたくさん出ていて、シリコンバレーはインド人技術者でもっていると言われるくらいです。バンガロールをはじめインドの各地では世界の最先端を行くコンピュータ技術による生産も行っています。それと同時に、ヒンドゥー教に根ざした信仰生活も強いわけです。もちろん、インドには多くのイスラム教徒もジャイナ教徒もシーク教徒も存在しています。宗教と民族はインドのかかえる大きな難題であり、これは東アジアではほとんど見られない現象です。

考えてみれば、インドという国は、これまである点では鎖国的な方策を取っていて、経済市場を開放してきませんでした。イギリス時代に学んだ技術によるところが大きいのですが、自動車から何からすべて自前でつくってしまう。日本やアメリカの最先端の技術から見れば自動車も非常に古いものですが、それをきちんと国内でつくっていくので、日本の自動車会社もインドにはなかなか進出できなかったという事情があります。最近はだいぶ変わってきましたが、インドは基本的にあらゆるものは全部自分でつくるという方針でやっています。核兵器までつくってしまいました。

## 発展は単線的でなく

そういうことを考えると、全部洋装に変えるような発展の仕方と、衣服も含めた伝統的なものを残しながらジグザグに発展していくインド的な行き方は、非常に対照的です。これはパキスタンやネパールやスリランカなどを含めた、南アジア地域の一つの特徴かと思います。インドは零《ゼロ》の発見に始まり、ヴェーダの哲学など、知的な力も非常に高い国であり社会です。二億人近い人が英語を話すという国は、アメリカを除けば世界のどこにもありません。英語が通用する国としてほかにシンガポールがありますが、規模が違います。しかもシンガポールは洋服に変えてしまう社会ですが、インドはいろいろな古い文化を残しながら英語も通じるし、ハイテク先端技術もできるという国であり、社会なのです。

どうも今後の世界とアジアの発展を考えると、インド的な行き方、あるいは南アジア的発展の仕方は非常に意味があるのではないかと、私は感じるようになっています。文化の力や、戦略的な意味ではないソフト・パワーの発揮という点で考えても、いろいろな古いものを残しながらジグザグに発展していくインド型のほうが、今後の世界においてはより魅力的な文化を世界に与えることができるのではないかとさえ思うのです。

インドは国内を見ると、民族的にも言語的にも多岐多様にわたっていて、どこで統一が取れているのか、実際よくわかりません。インド全体を一つの政府が支配したことは、歴史においてイギリス以外になかったとも言われています。イギリスが植民地支配をしたときも、一部の地域ではいわゆる藩王、マハラジャ統治が行われていました。イギリスによる間接統治であったことは事実ですが。結局、いまインドといわれている地域全体を統治したものはいないという話も聞きました。ムガール帝国時代もそれぞれ群雄割拠で、デリーがインド全土を支配したわけではありませんでした。

しかし、インドでは「多様性の中の統一」と言っていますが、外部から見てのインド的な統一はあります。非常にばらばらなようでいて、どこかにインド的な統一があるのです。それは文明の力、つまり、ヒンドゥー文明を担っているという意識かもしれません。あれだけ言語も違っていて人口の多いところが、期せずしてまとまっているということは、今後の「多文化世界」のあり方を検討し、「多文化世界」を構築する場合にも、大きな参考になる例ではないかと感じます。日本型あるいは東アジア型は、逆にいまや文化の力を強めるようにしなければいけないと、発展についての考え方を再検討する必要があると思うのです。

だいたいインドは人工的に統一しようとしても無理なくらいに、自然も人間もあまりにも多岐多様に存在しています。その存在の多様性の認識があってインドがあるというように、私には見えるのです。

政治におけるヒンドゥー至上主義など、自文化中心主義が社会に大きな影響を及ぼすようになることも見られ、現在のインドにはいろいろな矛盾もありますが、東アジア社会と南アジア社会を比べた場合、そこには驚くような差があると感じます。経済発展では、中国の次はインドだという話もありますが、インドと中国の違いも冷静に見るべきでしょう。二一世紀における人間と社会の発展を考える場合には、インド的な行き方もよく見守る必要があると強調しておきたいと思います。

## 文化の力を伸ばしていくために

さて、文化の力という点で見逃せないのは、教育や大学の問題です。先に「知は力なり」ではなく「文化は力なり」と言いましたが、知と文化を担うのは何といっても高等教育機関であり、それを象徴的に表すのは大学だと思います。

私は最近、アジアの大学に関する小さな論文を書きました。アジアの教育機関の歴史は古く、日本でも高野山や比叡山の僧学校から寺子屋教育まで独自の歴史がありますが、近代的な大学は全部アメリカやヨーロッパの大学にならってできたものです。国や社会が誇る大学をそれぞれの国がつくってはいますが、その評価は内外ともにヨーロッパやアメリカの大学の次、という位置づけでした。

日本をはじめ各国の主要な大学は、国の内外ですぐアメリカの大学やヨーロッパの大学と比較されますが、アジアにさまざまにある大学どうしの比較は、これまでほとんど問題にならなかったと思います。それは大学の発展のモデルがヨーロッパやアメリカにあって、それにいかに近づいていくか、その目標にいかに自分たちを合わせていくかが、各国の大学の方針になっているからです。それぞれの特徴はあるにしても、基本的なラインではヨーロッパやアメリカの大学をモデルとして形成されてきました。たとえば、タイのチュラロンコン大学とアメリカの大学とを比較して、チュラロンコン大学はこうしなければいけないということは言われても、チュラロンコン大学と日本の大学やインドの大学とを比較してどうするかということは、個人的な感想は別として、事実上なかったわけです。それは教師も学生も事務局も、あるいは管轄の省庁も、発想として持っていなかったと思います。

しかし、この一〇年ほど、アジアの大学は大変大きな力をつけてきました。シンガポール国立大学のように世界のバイオセンターを目指して研究環境を整え、世界の高名な、あるいは優秀な研究者を意識的にリクルートしてくるということを始めるようになりました。こうした試みはこれまでほとんどなかったことです。

日本の場合は、現在でもそうですが、優秀な研究者がアメリカやヨーロッパへ行って新しい学問を学んで帰って、それを日本で発展させようということが一般的なパターンで、それは明治以来の伝統です。また、日本の優秀な研究者がアメリカへ行って、向こうで地位を得て研究を展開させることもよく行われています。

しかし、日本の大学が世界の一流になるために、国際的に人材を確保するのにふさわしい大学づくりをしてきたかというと、必ずしもそういうことはありません。日本の大学は、いろいろな点で閉鎖的だということも指摘されています。また世界から日本の大学を目指して留学生が来るかというと、それもまた疑問です。少なくとも世界から来るという状況にはなっていません。アジアからは来ますが、それもアメリカやヨーロッパの大学に行かない人が日本に来るということが指摘され、例外はあっても、実際にはそうだと思います。

アジアの大学は多かれ少なかれ地域的な交流も行っていますが、お互いにライバル意識を持ったことはほとんどないようです。対等のものとしてアジアの大学がお互いに見つめ合うということは、これまで習慣としてありませんでした。まずヨーロッパの大学を見て、アメリカの大学を見て、自分たちのポジションを決めていたわけです。

このところ私が気づくのは、アジアの大学は非常に大きな力をつけてきて、一つのパワーになりつつあるということです。シンガポール大学の例を引きましたが、北京の清華大学、北京大学、中国社会科学院などは、それを意識しながら外部に展開しています。私どもが行っても、アメリカにもヨーロッパにもあまりないような活力に満ちた研究環境があるという感想を持つところが、いくつか出てきました。

国や都市の魅力を語る場合、文化の力の一つの中心が大学にあると思います。アメリカのソフト・パワーを考えた場合、一番の基礎に大学があるのではないかと実感します。アメリカのソフト・パワーの主要な要素は、ハリウッドよりむしろ大学だと思われるのは、アメリカの主要大学には世界中の秀才、俊才が集まってきているからです。日本でも、日本の大学を出ても、いざ研究となると、優秀な人はアメリカの大学を目指すという傾向はいまでも変わっていません。本当に優秀な人はアメリカの大学に引き抜かれてそのまま居着いてしまう場合が多いし、日本の中で発明、発見をしたような逸材が日本の大学に失望したり、日本でしかるべき職も得られずにアメリカの大学や研究所や企業に引き抜かれたりする例は、最近でも起こっています。

アメリカの大学は、国際的に優秀な人材を学生から研究者まで集めて、しかるべき予算、研究費、あるいはしかるべきポジションを与えて、大学の発展を図っています。第二次世界大戦以前は特に世界的な名声があるわけでもなかったのですが、よく言われるように、ユダヤ系を中心とした優秀な学者たちが、ナチスの迫害を逃れてヨーロッパ大陸からアメリカの大学に来て、アメリカの大学を一挙に世界的なレベルに押し上げたということも事実だと思います。その押し上げられた状態をより発展させるために、第二次世界大戦後もアメリカの大学は内部的な充実、国籍にとらわれない人材の起用を行って、いまや世界の教育と研究のメッカになったのです。

それがどうしてソフト・パワーかというと、アメリカの大学にはアジアでも最も優秀な人材がそこに集まる事実があるからです。中国でも最も優秀な学生はアメリカの大学に行くと言われています。そういう人材がアメリカ的な大学システムの中で、アメリカ的な知識を得て、研究し、学業を修めて自分の国に帰ってくる。そしてアメリカ的なスタイルをどこかで発揮しながら、国と社会に影響を与えますから、この力は大変に大きい。さらにそれが「文化の力」となって世代ごとに蓄積されていくのですから、その影響力は巨大です。これは何といってもアメリカが持っているソフト・パワーの最たるものです。

日本の大学でも、アメリカの研究室でつくられた知識が社会科学、自然科学、あらゆる面で応用されています。新しい学問といっても、その学問はだいたいがアメリカで形成され、そこでテキストブックができて、そのテキストブックをアジアの学生が使って新しい知識を得ていきます。ですから、アメリカのソフト・パワーと文化の力を中心に、アジアの大学パワーが形成される面が大きいと言っても決して過言ではないでしょう。

日本にも優秀な大学がありますが、日本のソフト・パワーや日本の文化の力を、世界に発信するようなところまでいっているかといえば疑問です。部分的にはノーベル賞受賞者が出たり、世界の研究の最先端と評価される分野もあります。ただアメリカの大学の持つ量と質には較べようもありません。

ヨーロッパの大学でも、パリ大学やオクスフォード大学やケンブリッジ大学はソフト・パワーを発揮しています。ドイツの大学、イタリアの大学でも、部分的にはソフト・パワーとなっていると言えますが、アメリカの大学のようなパワーは、全体としてはないでしょう。

日本の大学に世界の最優秀の人材が集まって研究すれば、研究や教育の成果のほかに、日本的な文化の力も身につけて帰国し、それぞれの国や社会に影響を与えるということが可能になります。日本では留学生対策がきちんとされていないという批判もありますが、日本の文化の力を高めるためには、大学の充実、世界に発信できるような開かれた大学環境を通して、優秀な人材や学生を呼び寄せることが望まれます。まさに「知は力なり」に加えて「文化は力なり」ということが実現されるのは大学からだと思います。

私には以前から提言していることがあります。アジアのいろいろな国や都市にさまざまなすばらしい大学があって、特色を発揮しあう。ほとんどのアジアの国なら数時間で行けますから、日本の学生も中国の学生もタイの学生も、自分のやりたい研究や学問を実現するために自国の大学も含めたアジアの各大学をよく検討して進学を決める。それぞれの大学は地域や国の特色を発揮しながら、普遍的な知識を教えていく。そのようにアジアの大学が競い合い、各国が文化の力で競争することがお互いに高まれば、ヨーロッパやアメリカにないような日本やアジアの大学の魅力、ひいてはそれぞれの国の文化の魅力が増すことだろうと思います。

世界から学生や研究者が集まるよい大学を持つことは、国や社会や地域や都市の「ブランド名」を高めることになります。「ブランド大学」は「ブランド国家」に通じます。なぜなら、「ブランド大学」の存在する国や社会は、研究の自由が保障され、個人の尊厳が守られ、平和を志向しているところでもあるはずだからです。特に大学は若い学生のための限られた教育・研究の場であるだけでなく、広く社会人や高齢者にも開かれた知と文化の場であるという展開が行われつつある現在、「文化の力」としての大学は、そのグローバル化の中で、もっと大きな役割を社会に対して持つことを深く認識する必要があると思います。

「多文化世界」を実現するために、一つの例であると同時に、中心的な課題として、大学や教育の問題があるということも、強く指摘しておきたいと思います。「知は力なり」が「文化は力なり」へと発展していく過程の一つが、そこにはっきりと見てとれるはずです。

# あとがき

これを書いている現在（二〇〇三年六月初め）、世界は騒然とした、なんとも険呑な状態にあります。イラク戦争が一応の終結を見たかと思ったら、中国と香港から始まった新型肺炎SARSの問題に世界は揺れ、グローバル化時代の疫病伝染の凄まじさに茫然とするしかありません。実に困惑する事態が続いており、「こんなときこそアメリカ軍は自慢のハイテク軍事力を発揮して、SARSに真価を示せないのか」と言いたくなるのですが、現実のSARS対策は検温に隔離と、まことにローテクによる対応しかないようです。また振り返ってイラク問題はというと、戦後の占領と復興について、依然として見通しがはっきりしません。

さまざまな意味で、アメリカの動向が注目されていますが、アメリカの現政権に強い影響を与えていると言われるのが「新保守主義」であり、その対外政策の背景にある理論と評されるロバート・ケーガン氏の著作『ネオコンの論理——アメリカ新保守主義の世界戦略』

です。

この本は強力な「力」の政治外交を主張しています。世界は「万人の万人に対する戦い」であり、トマス・ホッブズ的「リヴァイアサン」こそが国家の本質であるとして、何よりも軍事力を中心とするパワーの国際政治を重視します。これは国際協調を謳い、国連を尊重するヨーロッパに対して、アメリカの単独行動主義的外交を正当化する理論でもあり、軍事力の拡大に慎重なヨーロッパを強く批判するのです。「国際協調主義か単独行動主義か」、あるいは「ヨーロッパ(古いヨーロッパ?)対アメリカ」……、ケーガンはそれを「戦略文化」の違いであると述べ、アメリカの「ハード・パワー」重視とヨーロッパの「ソフト・パワー」重視の外交姿勢の差異を問題視し、ヨーロッパはもっと軍拡に真剣にならなければ駄目だ、と言うのです。

世界には、「大量破壊兵器」を隠し、核開発を密かに行う「ならずもの国家」や「悪の枢軸」国もありうるでしょう。だからといって、軍事力を増強して力で封じ込めればよいとは、あまりにも世界を単純化した捉え方ではないでしょうか。グローバル化と情報化の時代とは、世界の違いがより細分化されて見えてくる時代でもあります。「デジタル・デバイド」ならぬ「核兵器デバイド」「大量破壊兵器デバイド」が差別感を生じさせ、不満や怨嗟を抱かせることもあるのではないでしょうか。

ここはやはり、もどかしくても危険を孕んでも、説得と協調をもって、根気よく国際協調と地域協力の体制を作り、いまの時代、いかに軍事力の拡張や兵器の生産が「割の合わぬ」ことなのか、理解をさせる必要があります。もちろん、サダム・フセイン大統領治下のイラクを容認することなどはできません。私も、アジア諸国・地域を中心に、これまで四〇年近く「足で」世界を歩いてきた経験に照らして、独裁者・独裁国家・全体主義的国家の抑圧的政治の悲惨と恐怖については、肌で感じています。しかし、国や政治、指導者のあり方も実にさまざまです。とうてい一律に「悪」などとは言えたものではありません。それに南ベトナムのゴ・ジン・ジェム政権やフィリピンのマルコス政権、インドネシアのスハルト政権などのように、アメリカ主導で「独裁政治」を行った指導者や国家も多く存在しました。サダム・フセイン政権もまさにアメリカン・メイドではなかったでしょうか。

イラクでも、表面的にはともかく内心では、多くの民衆がアメリカの「ソフト・パワー」に憧れていた節があります。バザールではハリウッド映画のビデオやＤＶＤも隠れて売られていたという話も聞きました。この先、復興が波に乗ればアメリカ文化が巷に溢れることでしょう。オルブライト前国務長官もイラク攻撃前のあるシンポジウムで、超大国アメリカが世界の不満や反発を引き受ける唯一の存在になってしまったことを認識したうえで、「アメリカは世界にとっていまも魅力ある存在、つまりソフト・パワーを持つ存在であり続けている。必要なのは「アメリカの権力者」が他国の人々の意見に耳を傾けることだ」、と述べています。こういう意見がアメリカ国内にも実際には多いことでしょう。私もアメリカのソフト・パワーはかけがえのないものだと思います。その深い認識と自覚の先に「多文化世界」が見えてくるのです。

ノルウェイの文化人類学者、ウニ・ウィーカンは、自国における「移民」の調査を通し、彼らのノルウェイ社会への参入にとって「文化」がいかに「壁」となり、「障害」となっているかを明らかにして、「文化」という「観念」よりも人間の相互理解、個々の人間が大事だと主張しました。私はこのことに同感しますが、一方で、個々のヒトはまさに個々の「文化」を通して「人間」になることも事実なのです。これは現代人にとっての大きなジレンマでしょう。グローバル化と情報化の時代は、従来はお互いに知らずに済んだ人たちを近づけ、否応なくその「文化」の違いまで感得させてしまうからです。「文化」の違いをめぐる悲喜劇は、こうして日常の出来事となりました。

ヨーロッパとアメリカの国際政治への取り組み方の違いを「戦略文化」の違いであるとケ

ーガンが言っていることは、先に触れました。文化をこのような文脈で使うことには疑問が残りますが、「文化」とは他の言葉でうまく説明できないときに用いられる「多面的・多義的」な言葉です。そこに本書で私が「文化」を論じてきた理由があります。何度か言及してきたように、ハンチントンは、現代の国際政治の重要課題は「文明の衝突」にあると言いましたが、私は、「文化・文明」の問題の重要性を指摘することには賛成であるし、八〇年代の後半には自分でも「文化の否定性」という形で問題を展開したことがあります。「文化」とは「論じる」ことによって次第に明らかにされていく問題なのです。とはいえ、私には「文化」を安易に用いてはならない事象もまた存在するように思えます。

私は「文化」を政治問題化することには、大きく反対を表明したいのです。本文中にも指摘した考え方ですが、文化は人間にとって「第二の自然」として作用する部分が多大であるので、差異や差別、対立や衝突や紛争の要因に「文化」の違いを持ち出されれば、どうしようもない混迷に陥るか、出口のない絶壁に突き当たるか、しかなくなってしまいます。

「異文化理解」をあくまでも基礎として、「多元主義」をはっきりと意識し、「協調と説得」の道をひたすら進むのが、まさに現代の国家・社会・人間の取るべき態度であると思います。迂遠で消耗し、いい加減にしないか、と言いたくなる道ではありますが、それしか方法はないと言ってよいのではないでしょうか。「友情ある説得」こそがいま求められているのです。

この三月、SARSの影響も噂されるクアラルンプールの、世界一高いペトロナス・ツインタワー・ビルにあるすばらしいコンサート・ホールで、マレーシア・フィルハーモニック・オーケストラの演奏するモーツァルトのピアノ協奏曲を聴きました。満員の聴衆を集めた日曜午後のコンサートに、私は深い感銘を覚えました。中国系の人たちもマレー系の人たちもインド系の人たちも、そして、日本人もともに演奏を楽しみました。このホールにはまた来たいと思いました。マレーシアの文化は、それこそ多様でかつ豊かなものですが、そこにモーツァルトが加わったことで、大変強くなった印象をもって、私は帰りました。こうした文化の楽しみが味わえるようになってきたアジアの状況を見るにつけ、「軍事力の拡大など、人間の生活の充実と喜びのためには、何にもなりませんよ」、と声を大にして言いたくなるのです。兵器よりは音楽のほうがいいに決まっているでしょう。

この常識がリアル・ポリティックスの前にあえない運命を遂げるとすれば、これほどの不幸はないのですが、この不幸は、実に幾度も繰り返し人間に訪れることでもあります。今年日本でも公開され話題になった映画ですが、ロマン・ポランスキー監督が米アカデミー賞を受賞した『戦場のピアニスト』でも、まさに主人公のピアニストが演奏をしようとする時に、ワルシャワでのナチスの破壊工作が始まったのでした。もうこのような人間の愚行は見たくありません。

「軍拡」競争の先には何の未来も見えてきません。破壊兵器の生産や購入に莫大な費用を費やすならば、その分、豊かな味覚の開発に、すばらしいコンサート・ホールの建設に、一言で言うならば文化の力の競い合いに、努力を傾けるなら、どれだけ世界は楽しいものとなることでしょうか。ごく単純なこうした「常識」の通用する世界になりたいものです。

「文化の壁」「文化という障害」をいかに乗り越えるか。文化に関わるこうした難しい問題への「救い」もまた存在します。この一年ほどの間に読んで最も感銘を受けた著書の一冊に、マルセル・ライヒ＝ラニツキの『わがユダヤ・ドイツ・ポーランド』があります。ラニツキは、ポーランド人の家族に生まれてベルリンで育ち、ワルシャワに帰ってナチス支配の下でユダヤ人ゲットーに入れられ、強制収容所へ送られる寸前に逃げ(これはポランスキー作品の主人公と同じです)、生きのびる。戦後は社会主義政権の抑圧的な政治に反発して西ドイツへ脱出し、そこで文芸評論家として成功します。まさに波乱万丈の生涯ですが、この本は、歯に衣《きぬ》を着せぬ筆致と合わせ、実に感動的な「自伝作品」となっています。ラニツキは、長い間、「フランクフルト・アルゲマイネ」紙で文芸時評欄を受け持ち、仮借のない批評で評判をとり、さらにテレビで文芸時評の番組を担当し、そこでも評判になるなど、現代ドイツを代表する文芸批評家としての厳然たる地位を築きました。作家の中にはラニツキを「憎んでも憎みきれない」と思う人も多いようです。ノーベル賞作家のギュンター・グラスの新作を愚作と決めつけ、TV番組でその本を引き裂き、床に叩きつけるなどの猛烈なパフォーマンスに及んだというのですから、人気の高まる反面、憎まれるのも当然かもしれません。

それはともあれ、ナチス支配は言うに及ばず、ポーランド人であることからドイツ社会で受けた差別などによって、ドイツへの「憎しみ」をラニツキが覚えたとしても無理からぬことでしょう。しかし、その「憎しみ」を超えさせたのは、何よりも「ドイツ文学・文化」の魅力であり、それへの愛着であった、とラニツキは言います。「愛は憎しみを超える」というと陳腐に聞こえるかもしれませんが、彼の場合、憎しみを超えさせたのは「文化の力」でした。このことに私は感動しました。「ソフト・パワー」から「文化の力」、そして「多文化世界」の実現へと、新世紀の世界、そして、特にアジアは活発に動いていって欲しいと願います。

本書の成立に関しては、日頃さまざまな問題について親しく議論を交わしてきた多くの友人の助言やコメントに多くを負っています。ここに個々の名前は記しませんが、心からの感謝の気持ちを表したく思います。私は現在「文化の多様性と情報ネットワーク」と題する国際研究プロジェクトを主宰していますが、私どもが開催したシンポジウムや研究集会、それらは過去一年半ほどの間に、パリ、イスタンブール、コロンボ、シンガポール、クアラルンプール、香港、上海、北京、東京などで行われ、そこに集まった一〇カ国を越える国際的な参加者との議論も大変刺激的でした。このプロジェクトの研究成果は、別途発表するつもりなので、詳しくはそれにゆずりますが、岩波新書として出版した前著『異文化理解』(二〇〇一年七月刊)以来の、特にこの約二年間の世界の動きに反応する私の問題展開として、本書をお読みくだされば幸甚です。

本書で用いた主な参考文献について、その内容に言及した順序に即しながら、記します。


田中克彦『「スターリン言語学」精読』岩波現代文庫、二〇〇〇年

ルース・ベネディクト『菊と刀――日本文化の型』長谷川松治訳、現代教養文庫、一九六七年

ルース・ベネディクト『文化の型』米山俊直訳、社会思想社、一九七三年
クロード・レヴィ＝ストロース『構造人類学』荒川幾男他訳、みすず書房、一九七二年
ダニエル・ネトル、スザンヌ・ロメイン『消えゆく言語たち――失われることば、失われる世界』島村宣男訳、新曜社、二〇〇一年
アントニオ・ネグリ、マイケル・ハート『〈帝国〉――グローバル化の世界秩序とマルチチュードの可能性』水嶋一憲他訳、以文社、二〇〇三年
サミュエル・ハンチントン『文明の衝突』鈴木主悦訳、集英社、一九九八年
Adam Kuper, *Culture*――*The Anthropologists' Acount*, Harvard University Press, 2000
Michael Moffatt, *Coming of Age in New Jersey*――*College and American Culture*, Rutgers University Press, 1989
林瑞枝「イスラム・スカーフ事件と非宗教性――問われる共和国的統合」『普遍性か差異か――共和主義の臨界、フランス』所収、三浦信孝編、藤原書店、二〇〇一年
ドミニック・リーベン『帝国の興亡（上・下）』袴田茂樹監修、松井秀和訳、日本経済新聞社、二〇〇二年
アイザイア・バーリン「理想の追求」『理想の追求（バーリン選集4）』所収、河合秀和訳、岩波書店、一九九二年

Michael Ignatieff, *Isaiah Berlin*――*A Life*, Metropolitan Books, Henry Holt and Company, NY, 1998
ジャンバッティスタ・ヴィーコ「新しい学」『世界の名著 続6』所収、清水純一他訳、中央公論社、一九七五年
エドマンド・リーチ『社会人類学案内』長島信弘訳、岩波同時代ライブラリー、一九九一年
ジョゼフ・S・ナイ、ロバート・O・コヘイン「情報化時代のソフトパワーを検証する」『フォーリン・アフェアーズ傑作選一九二二―一九九九下』所収、フォーリン・アフェアーズ・ジャパン編・監訳、朝日新聞社、二〇〇一年
ジョゼフ・S・ナイ『アメリカへの警告――二一世紀国際政治のパワー・ゲーム』山岡洋一訳、日本経済新聞社、二〇〇二年
ジョン・トムリンソン『文化帝国主義』片岡信訳、青土社、一九九七年
吉見俊哉『カルチュラル・スタディーズ』岩波書店、二〇〇〇年
岡本真佐子『対外文化機関の国際比較研究調査――中間報告』政策研究大学院大学・文化政策プロジェクト、二〇〇二年
マルク・フュマロリ『文化国家――近代の宗教』天野恒雄訳、みすず書房、一九九三年
『観光立国懇談会報告――住んでよし、訪れてよしの国づくり』観光立国懇談会、二〇〇三年

Peter Van Ham, "The Rise of the Brand State——The Post Modern Politics of Image and Reputation", in *Foreign Affaires*, September/October, 2001

莫邦富「中国進出企業のブランド戦略は大丈夫か」『論座』朝日新聞社、二〇〇三年六月

ロバート・ケーガン『ネオコンの論理——アメリカ新保守主義の世界戦略』山岡洋一訳、光文社、二〇〇三年

M・オルブライト、B・スコークロフト、T・G・アッシュ、A・コート「世界的反米感情の高まりとイラク侵攻策(米外交問題評議会リポート)」『論座』竹下興喜監訳、朝日新聞社、二〇〇三年三月

Unni Wikan, *Generous Betrayal——Politics of Culture in the New Europe*, The University of Chicago Press, 2002

ウワディスワフ・シュピルマン『戦場のピアニスト』佐藤泰一訳、春秋社、二〇〇三年

マルセル・ライヒ=ラニツキ『わがユダヤ・ドイツ・ポーランド』西川賢一訳、柏書房、二〇〇二年

また、本書脱稿後に、*Cultures and Organizations——Software of the mind* の翻訳で

ある『多文化世界――違いを学び共存への道を探る』(G・ホフステード著、岩井紀子・岩井八郎訳、有斐閣、一九九五年)を知りました。本書のアプローチとは違いますが、異文化共存を説く文献として挙げさせていただきます。

本書に関連する私の論文・著作などは以下の通りです。

「世界の矮小化を避けよ」(『朝日新聞』夕刊二〇〇一年一〇月一七日)、「「現代文明」は形成途上にある――米国テロ事件とアフガン空爆の教訓から」(『中央公論』二〇〇二年二月)、「上海ソフトパワー論――アジア都市「文化大競争」時代が始まった」(『中央公論』二〇〇二年四月)、「「ユーラシア」時代の到来」(『中央公論』二〇〇三年三月)、「「魅惑する力」と文化政策」(竹中平蔵他編著『ソフトパワー」日本復権への道』実業之日本社、二〇〇一年)、「二一世紀アジアと「ソフト・パワー」」(『ソシオサイエンス vol.8』早稲田大学大学院社会科学研究科、二〇〇二年)、「現代アジア都市と「ソフトパワー」」(『APCアジア太平洋研究』第一二号、福岡アジア太平洋センター、二〇〇三年二月)、「グローバル化の中での幸福の追求――「小さな幸福」と修行の世俗的意味」(『アジア新世紀4 幸福』岩波書店、二〇〇三年)、「総合討論 アジアは二一世紀にどのような幸福を追求するのか(A・ナンディ、N・ヤルマン、四方田犬彦、青木)」(同前書)、「アジアで大学はパワーを発揮できるのか」(『アジア新世紀7 パワー』岩波書店、二〇〇三年)、「総合討論 アジアパワーのゆくえ――国家と脱国家のダイナミズム(熊岡路矢、姜尚中、小杉泰、青木)」(同前書)、『文化の否定性』(中央公論社、一九八八年)。

最後になりましたが、この岩波新書も前著と同じく新書編集部の柿原寛氏の全面的な協力の下で上梓に至ることができました。同氏の叱咤激励と貴重な助言なくしては、とうてい本書は完成しませんでした。心からお礼を述べたいと思います。

二〇〇三年六月一日

青木 保

青木 保

1938年 東京に生まれる
東京大学大学院(文化人類学専攻)修了.
大阪大学で博士号(人間科学)取得. 大阪大学教授, 東京大学教授などを経て
現在ー法政大学大学院特任教授
著書ー『異文化理解』(岩波新書)
『儀礼の象徴性』(サントリー学芸賞)『境界の時間』『逆光のオリエンタリズム』(以上, 岩波書店)
『岩波講座 文化人類学(全13巻)』『近代日本文化論(全11巻)』『アジア新世紀(全8巻)』(いずれも共編著, 岩波書店)
『タイの僧院にて』『「日本文化論」の変容』(吉野作造賞)『カルチャー・マス・カルチャー』『アジア・ジレンマ』(以上, 中央公論新社)
『文化の翻訳』(東京大学出版会)
『憩いのロビーで』(日本経済新聞社) ほか

多文化世界　　岩波新書(新赤版)840

2003年6月20日　第1刷発行
2006年11月6日　第7刷発行

著者　青《あお》木《き》 保《たもつ》

発行者　山口昭男

発行所　株式会社 岩波書店
〒101-8002 東京都千代田区一ツ橋2-5-5
案内 03-5210-4000　販売部 03-5210-4111
http://www.iwanami.co.jp/

新書編集部 03-5210-4054
http://www.iwanamishinsho.com/

印刷製本・法令印刷　カバー・半七印刷


ISBN 4-00-430840-2　　Printed in Japan

## 岩波新書新赤版一〇〇〇点に際して

ひとつの時代が終わったと言われて久しい。だが、その先にいかなる時代を展望するのか、私たちはその輪郭すら描きえていない。二〇世紀から持ち越した課題の多くは、未だ解決の緒を見つけることのできないままであり、二一世紀が新たに招きよせた問題も少なくない。グローバル資本主義の浸透、憎悪の連鎖、暴力の応酬——世界は混沌として深い不安の只中にある。

現代社会においては変化が常態となり、速さと新しさに絶対的な価値が与えられた。消費社会の深化と情報技術の革命は、種々の境界を無くし、人々の生活やコミュニケーションの様式を根底から変容させてきた。ライフスタイルは多様化し、一面では個人の生き方をそれぞれが選びとる時代が始まっている。同時に、新たな格差が生まれ、様々な次元での亀裂や分断が深まっている。社会や歴史に対する意識が揺らぎ、普遍的な理念に対する根本的な懐疑や、現実を変えることへの無力感がひそかに根を張りつつある。そして生きることに誰もが困難を覚える時代が到来している。

しかし、日常生活のそれぞれの場で、自由と民主主義を獲得し実践することを通じて、私たち自身がそうした閉塞を乗り超え、希望の時代の幕開けを告げてゆくことは不可能ではあるまい。そのために、いま求められていること——それは、個と個の間で開かれた対話を積み重ねながら、人間らしく生きることの条件について一人ひとりが粘り強く思考することではないか。その営みの糧となるものが、教養に外ならないと私たちは考える。歴史とは何か、よく生きるとはいかなることか、世界そして人間はどこへ向かうべきなのか——こうした根源的な問いとの格闘が、文化と知の厚みを作り出し、個人と社会を支える基盤としての教養となった。まさにそのような教養への道案内こそ、岩波新書が創刊以来、追求してきたことである。

岩波新書は、日中戦争下の一九三八年一一月に赤版として創刊された。創刊の辞は、道義の精神に則らない日本の行動を憂慮し、批判的精神と良心的行動の欠如を戒めつつ、現代人の現代的教養を刊行の目的とする、と謳っている。以後、青版、黄版、新赤版と装いを改めながら、合計二五〇〇点余りを世に問うてきた。そして、いままた新赤版が一〇〇〇点を迎えたのを機に、人間の理性と良心への信頼を再確認し、それに裏打ちされた文化を培っていく決意を込めて、新しい装丁のもとに再出発したいと思う。一冊一冊から吹き出す新風が一人でも多くの読者の許に届くこと、そして希望ある時代への想像力を豊かにかき立てることを切に願う。

（二〇〇六年四月）

## 岩波新書より

# 現代世界

| | |
|---|---|
| アメリカの宇宙戦略 | 明石和康 |
| 日中関係 戦後から新時代へ | 毛里和子 |
| いま平和とは | 最上敏樹 |
| 国連とアメリカ | 最上敏樹 |
| 人道的介入 | 最上敏樹 |
| 大欧州の時代 | 脇阪紀行 |
| 現代ドイツ | 三島憲一 |
| ブレア時代のイギリス | 山口二郎 |
| 「民族浄化」を裁く | 多谷千香子 |
| サウジアラビア | 保坂修司 |
| 中国激流 13億のゆくえ | 興梠一郎 |
| 現代中国 グローバル化のなかで | 興梠一郎 |
| 多民族国家 中国 | 王柯 |
| ヨーロッパ市民の誕生 | 宮島喬 |
| 東アジア共同体 | 谷口誠 |
| ネットと戦争 | 青山南 |
| アメリカ 過去と現在の間 | 古矢旬 |

| | |
|---|---|
| ヨーロッパとイスラーム | 内藤正典 |
| 現代の戦争被害 | 小池政行 |
| アメリカ外交とは何か | 西崎文子 |
| イスラーム主義とは何か | 大塚和夫 |
| イラク 戦争と占領 | 酒井啓子 |
| イラクとアメリカ | 酒井啓子 |
| 核拡散 | 川崎哲 |
| シラクのフランス | 軍司泰史 |
| 帝国を壊すために | アルンダティ・ロイ 本橋哲也訳 |
| ロシアの軍需産業 | 塩原俊彦 |
| ブッシュのアメリカ | 三浦俊章 |
| 多文化世界 | 青木保 |
| 異文化理解 | 青木保 |
| アフガニスタン 戦乱の現代史 | 渡辺光一 |
| イギリス式生活術 | 黒岩徹 |
| イギリス式人生 | 黒岩徹 |
| 国際マグロ裁判 | 小松正之 遠藤久 |
| デモクラシーの帝国 | 藤原帰一 |

| | |
|---|---|
| テロ後 世界はどう変わったか | 藤原帰一編 |
| パレスチナ〔新版〕 | 広河隆一 |
| 「対テロ戦争」とイスラム世界 | 板垣雄三編 |
| ソウルの風景 | 四方田犬彦 |
| 現代イラン 神の国の変貌 | 桜井啓子 |
| アメリカの家族 | 岡田光世 |
| NATO | 谷口長世 |
| 現代中国文化探検 | 藤井省三 |
| ロシア市民 | 中村逸郎 |
| 中国路地裏物語 | 上村幸治 |
| ロシア経済事情 | 小川和男 |
| 同盟を考える | 船橋洋一 |
| イスラームと国際政治 | 山内昌之 |
| 相対化の時代 | 坂本義和 |
| 中東現代史 | 藤村信 |
| 南アフリカ 「虹の国」への歩み | 峯陽一 |
| ユーゴスラヴィア現代史 | 柴宜弘 |
| 「風と共に去りぬ」のアメリカ | 青木冨貴子 |

## 宗教

- 日本宗教史　末木文美士
- ロシア異界幻想　栗原成郎
- 法華経入門　菅野博史
- イスラーム巡礼　坂本勉
- 中世神話　山本ひろ子
- イスラム教入門　中村廣治郎
- 新宗教の風土　小沢浩
- 宣教師ニコライと明治日本　中村健之介
- 蓮如　五木寛之
- 密教　松長有慶
- 仏教入門　三枝充悳
- 慰霊と招魂　村上重良
- お経の話　渡辺照宏
- 日本の仏教　渡辺照宏
- 仏教〔第二版〕　渡辺照宏
- 禅と日本文化　鈴木大拙　北川桃雄訳

## 情報・メディア

- メディア社会　佐藤卓己
- NHK　松田浩
- インターネット安全活用術　石田晴久
- 新パソコン入門　石田晴久
- インターネット自由自在　石田晴久
- 現代の戦争報道　門奈直樹
- ソフトウェア入門　黒川利明
- 映像とは何だろうか　吉田直哉
- 未来をつくる図書館　菅谷明子
- メディア・リテラシー　菅谷明子
- 新聞は生き残れるか　中馬清福
- テレビの21世紀　岡村黎明
- インターネット術語集II　矢野直明
- インターネット術語集　矢野直明
- 反骨のジャーナリスト　鎌田慧
- 読書力　齋藤孝
- IT革命　西垣通
- マルチメディア　西垣通
- インターネットセキュリティ入門　佐々木良一
- 広告のヒロインたち　島森路子
- インターネットII　村井純
- インターネット　村井純
- パソコンソフト実践活用術　高橋三雄
- ジャーナリズムの思想　原寿雄
- 誤報　後藤文康
- Windows入門　脇英世
- フォト・ジャーナリストの眼　長倉洋海
- 日米情報摩擦　安藤博
- キャッチフレーズの戦後史　深川英雄
- 戦中用語集　三國一朗
- 抵抗の新聞人 桐生悠々　井出孫六
- 写真の読みかた　名取洋之助

## 岩波新書より

### 社会



(2006.7)　(C)

## 岩波新書より

### 政治

吉田茂　原彬久
岸信介　原彬久
戦後政治史〔新版〕　石川真澄
戦後政治の崩壊　山口二郎
日本政治 再生の条件　山口二郎編著
政治献金　古賀純一郎
市民の政治学　篠原一
入札改革 談合社会を変える　武藤博己
外務省　薬師寺克行
「都市再生」を問う　五十嵐敬喜・小川明雄
公共事業は止まるか　五十嵐敬喜・小川明雄編著
公共事業をどうするか　五十嵐敬喜・小川明雄
都市計画 利権の構図を超えて　五十嵐敬喜・小川明雄
東京都政　佐々木信夫
在日米軍　梅林宏道
住民投票　今井一
自治体は変わるか　松下圭一
政治・行政の考え方　松下圭一
日本の自治・分権　松下圭一
大臣　菅直人
安保条約の成立　豊下楢彦
私の平和論　日高六郎
国連と日本　河辺一郎
自由主義の再検討　藤原保信
海を渡る自衛隊　佐々木芳隆
象徴天皇　高橋紘
近代民主主義とその展望　福田歓一
非武装国民抵抗の思想　宮田光雄
近代の政治思想　福田歓一
近代政治思想の誕生　佐々木毅

### 法律

会社法入門　神田秀樹
憲法とは何か　長谷部恭男
良心の自由と子どもたち　西原博史
独占禁止法　村上政博
改憲は必要か　憲法再生フォーラム編
有事法制批判　憲法再生フォーラム編
著作権の考え方　岡本薫
裁判官はなぜ誤るのか　秋山賢三
日本の刑務所　菊田幸一
憲法への招待　渋谷秀樹
自治体・住民の法律入門　兼子仁
新地方自治法　兼子仁
経済刑法　芝原邦爾
憲法と国家　樋口陽一
法とは何か〔新版〕　渡辺洋三
日本社会と法　渡辺・甲斐・広渡・小森田編
法を学ぶ　渡辺洋三
民法のすすめ　星野英一
マルチメディアと著作権　中山信弘
結婚と家族　福島瑞穂
憲法と天皇制　横田耕一
プライバシーと高度情報化社会　堀部政男
納税者の権利　北野弘久

## 岩波新書/最新刊から

1031 **漢字伝来** 大島正二 著

中国生まれの漢字を言語構造の異なる日本語の中にどのように取り入れたのか。その軌跡を興味ぶかいエピソードを交えてたどる。

1032 **水の道具誌** 山口昌伴 著

水の性質を活かし、使いこなし、楽しむための「道具」の数々。各地をめぐってそれらをたずね、水づかいの叡智に学ぶ。写真多数。

1008 **西洋哲学史** 近代から現代へ 熊野純彦 著

「思考すること」そのものを経験させる、新鮮な哲学史入門。古代・中世を扱った前著につづき本書ではデカルト以降の時代を扱う。

1033 **格差社会** 何が問題なのか 橘木俊詔 著

教育や雇用などあらゆる場で格差が拡大するなか、いま日本社会に何が起きているのか。その問題点とは。第一人者が鋭く迫る。

1034 **ブランドの条件** 山田登世子 著

ただのバッグにオーラを授ける、ブランドの「名」が持つ魔力——その謎を「誕生」のシーンに読み解く、ブランド文化論の決定版！

1035 **新型インフルエンザ** 世界がふるえる日 山本太郎 著

新型ウイルスの出現は時間の問題かもしれない。グローバル化する世界で、感染症対策を考える際に忘れてはならないこととは？

1036 **マンションの地震対策** 藤木良明 著

もし、あなたのマンションが大地震に襲われたら？ 阪神・淡路大震災の経験をもとに、マンションの安全と安心に役立つ知識を提供。

1037 **ラグビー・ロマン** —岡仁詩とリベラル水脈— 後藤正治 著

ラグビーは走る格闘技である。同志社ラグビー部の名将岡仁詩の足跡を辿り、リベラリズムに支えられた埋み火のような教訓を伝える。

(2006. 10)